Ans Herz gewachsen

Andreas Barlage

Ans Herz gewachsen

Ein Gärtner und
seine Lieblingspflanzen

Jan Thorbecke Verlag

VERLAGSGRUPPE PATMOS
PATMOS
ESCHBACH
GRÜNEWALD
THORBECKE
SCHWABEN

Die Verlagsgruppe
mit Sinn für das Leben

Für Dieter und Heike Gaissmayer

Für die Schwabenverlag AG ist Nachhaltigkeit ein wichtiger Maßstab ihres Handelns. Wir achten daher auf den Einsatz umweltschonender Ressourcen und Materialien. Dieses Buch wurde auf FSC®-zertifiziertem Papier gedruckt. FSC (Forest Stewardship Council®) ist eine nicht staatliche, gemeinnützige Organisation, die sich für eine ökologische und sozial verantwortliche Nutzung der Wälder unserer Erde einsetzt.

Alle Rechte vorbehalten
© 2013 Jan Thorbecke Verlag der Schwabenverlag AG,
Ostfildern
www.thorbecke.de

Gestaltung und Illustration:
Finken & Bumiller, Chandima Soysa
Druck: Himmer AG, Augsburg

Hergestellt in Deutschland
ISBN 978-3-7995-0781-3

Inhalt

Vorwort 6
Geschichtendschungel-Führer 8

Stauden
Der Anfang: *Pfingstrosen* 11
Belle de Jour: *Taglilien* 17
Verschreibungspflichtig: *Rotlaubiges Purpurglöckchen* 21
Die Ätherischen: *Steppen-Iris* 25
Die Natürlichen: *Maiglöckchen* 30
Die Fröhlichen: *Kleinblumige Staudensonnenblume* 34
Die Unverzichtbaren: *Duftveilchen* 38
Die Tapferen: *Winterastern* 43

Saisonblumen
Die Waldschönen: *Fingerhut* 49
Die Windsbräute: *Islandmohn* 54
Die Duftstarken: *Landnelken* 59
Die Tänzerinnen: *Wicken* 65
Die Filigranharten: *Schmuckkörbchen* 70
Die Muntermacher: *Stiefmütterchen* 75
Die Leckeren: *Kapuzinerkresse* 80
Die Nachtdufter: *Waldtabak* 84

Zwiebelblumen
Die Ewigschöne: *Königslilie* 89
Die Exotischen: *Turbanlilien* 94
Die Tugendtreuen: *Narzissen* 99
Die Opulenten: *Kaiserkronen* 104
Die Unschlagbaren: *Dahlien* 110
Die Temperamentvollen: *Montbretien* 116
Die Juwelenhaften: *Wild-Tulpen* 121
Die Hartzarten: *Vorfrühlingsiris* 127

Rosen
Voll elegant: *Edelrosen wie 'Wedding Bells'* 132
Die Unermüdlichen: *Beetrosen wie 'Garden of Roses'* 140
Zähe Anmut: *Wildhafte Histörchen wie 'Stanwell Perpetual'* 147
Muntere Veteraninnen: *Einmal blühende Alte Rosen wie: Rosa gallica 'Versicolor'* 154
Very british: *Englische Rosen wie 'Lady of Shalott'* 159
Voller Überraschungen: *Noisetterosen wie 'Madame Alfred Carrière'* 164
Der beste Stammhalter: *Öfterblühende Alte Rosen wie 'Rose de Resht'* 169
Charmante Findlinge: *Öfterblühende Rambler wie 'Christine Hélène'* 174
Absolut unverzichtbar: *'Aloha '49' & 'Graciosa'* 179

Bildnachweis 184

Vorwort

Jeder, der in seinem Garten mit Pflanzen zu tun hat und sie nicht allein für Außendekozwecke oder zur Selbstversorgung mit Obst, Gemüse oder Schnittblumen kultiviert, geht eine mehr oder weniger enge Beziehung zu ihnen ein. Man müsste schon ein Herz aus Stein haben, behandelte man sie wie einen x-beliebigen Gebrauchsgegenstand. Und meiner Erfahrung nach sind solche Zeitgenossen in Gärtnerkreisen in der Minderzahl. Angesichts der vielen Begegnungen mit den unterschiedlichsten Arten und Sorten bleibt es nicht aus, dass einige von den grünen und blühenden Schätzen den Pflanzenfreund besonders rühren. Teils, weil sich zusätzliche Erlebnisse eines Lebens damit verweben, teils, weil die Pflanze an sich eine ungeahnte Ausstrahlung entfaltet. Aber immer hat es damit zu tun, dass wir Gartenmenschen stets neu empfänglich sind für die kleinen und großen Eigenheiten, die jede Pflanze, die uns in die Hände fällt, mitbringt. Eigentlich lässt sich über jede Pflanze eine mehr oder weniger lange Geschichte erzählen. Dabei kristallisieren sich aber immer einige Kandidaten heraus, die so besonders sind, dass man sich ein Gärtnerdasein ohne sie nicht mehr vorstellen kann und will. Dann wird es sehr persönlich – und es konstelliert sich ein Freundeskreis mit Wurzeln, Blättern und Blüten, den wir in der Gartensaison immer gerne wiedertreffen und an den wir denken, wenn draußen Schnee und Eis die Gartenlust von den Händen in den Kopf verlagern.
Mir ist es ebenso gegangen wie vielen meiner gartenenthusiastischen Freunde und Bekannten auch. Und so habe ich einige Geschichten niedergeschrieben. Diese Geschichten sollen ein Lesevergnügen für Sie sein und vielleicht dazu anregen, sich selbst einmal zu erinnern, welche Pflanzen Ihnen viel bedeuten – und warum.
Nun bin ich gespannt und hoffnungsfroh, dass Ihnen die Schilderungen meiner Liebesbeziehungen zu den hier porträtierten Pflanzenarten und -sorten gefallen werden. Ich versichere Ihnen, dass ich – wenn auch hier und da vielleicht pointiert geschrieben – dabei nichts erfunden oder erdacht habe. Alles ist

so geschehen, wie es hier gedruckt vorliegt. Nehmen Sie diese Offenheit bitte als meinen Respekt vor Ihrem Interesse und zusätzlich als Ausdruck meiner persönlichen Haltung zu Pflanzen und dem Gärtnern und letztlich auch zum Leben. Gibt es ein schöneres Spiegelbild zum Leben als das Gärtnern?

Geschichtendschungel-Führer

In diesem Büchlein ist die Rede von sehr unterschiedlichen Gartensituationen und das eine oder andere Anekdötchen aus dem privaten Nähkästchen ist eingeflochten. Die einzelnen Kapitel sind thematisch geordnet und nicht der Zeit nach. Um Ihnen beim Lesen einen kleinen Überblick zu verschaffen, um welche Gärten und welche Lebenssituation es sich in den Texten handelt, hier eine kleine Mini-Garten-Vita meinerseits.

1963 Geburt als dritter von vier Söhnen in Harsewinkel / Elterliches Haus gerade fertig gebaut; Garten bestückt mit damals modischen Leitpflanzen wie Omorika-Fichte, Forsythie, Blutpflaume, Süßkirschbaum, Haselnuss, Zierjohannisbeere, Veilchen, Sonnenauge, Eisenhut, Edelrose, Rhododendron und ähnlichem

bis ca. **1974** Traum von einer Karriere als Tierforscher, allererste rudimentäre Erinnerungen an Garten und Pflanzen; ABBA gewinnt mit „Waterloo" den Grand Prix und dominiert Jugendzimmerwände in Posterform / Elterlicher Garten wächst ein

1974–1983 Schulzeit; die Grünen ziehen in den Bundestag ein / aktives und schaffensfrohes Übernehmen des Gartens unter wohlwollenden Augen der Eltern … und einem größer werdenden Gartenbudget

1983–1985 Ausbildung zum Hotelkaufmann in Bad Lauterberg / Gartenprojekte ruhen

1985–1986 beruflicher Schwenk wird eingeleitet durch ein einjähriges Praktikum in der Gärtnerei Grothues, Harsewinkel / explosive Entfaltung der Blumenpracht im elterlichen Garten durch Verfeinerung gärtnerischer Kenntnisse

1986–1992 Gartenbaustudium an der Uni Hannover mit Diplomabschluss, dabei arbeitsintensive Abstecher in psychologische, pädagogische, theologische und sprachwissenschaftliche Seminare; viel zu früher Tod der Mutter / kein eigener Garten in Sicht – aber intensives Erkunden des Berggartens in Hannover

1992–1996 erste Anstellungen bei diversen Organisationen und Firmen; Familiengründung, Geburt der Tochter Magdalena und des Sohnes Justus / Innenhofgarten in Hannover, an dem mitgestaltet werden konnte

1996–1999 Beginn der Laufbahn als Redakteur und Autor „Grüner Themen"; Umzug nach Filderstadt bei Stuttgart; Geburt des Sohnes Jesse / kleiner Hausgarten; lehmiger Boden, viel Schatten durch schöne Obstbäume, erste Bekanntschaft mit Alten Rosen

1999–2002 Weitere Stellen als Redakteur; Umzug nach Varensell in Westfalen; Kennenlernen von Dieter und Heike Gaissmayer und später von Heino und Christian Schultheis, den Rosen-Koryphäen / mittelgroßer Hausgarten in einem Neubauviertel, sandiger Boden, Austoben mit Iris, Taglilien, Pfingstrosen, Kaiserkronen, Wildtulpen und vielen, vielen Rosen und Stauden

2002–2005 Umzug nach Porta Westfalica nahe Minden / großer Hausgarten am Hang, der dreifach terrassiert war, mergeliger Lehmboden; Schwelgen in allen Gartenpflanzen, die das Herz begehrt und das Portemonnaie hergibt; Kennenlernen der Eigenheiten sehr vieler Rosen

2006–2008 Beginn der Arbeit als freier Autor und Redakteur für diverse Projekte, dazwischen sporadisch Tätigkeit als Berater und Pflanzenverkäufer; Trennung und Scheidung; Umzug ohne die Familie nach Neuss / Bewirtschaftung eines Schrebergartens mit lehmigem Boden; Kennenlernen vieler weiterer neuer Stauden und Rosen

2009–2011 Ausbau der freien Autorentätigkeit; Heirat mit Stefan Barlage-Wittner; Umzug nach München / leider gartenlos, doch mit einem Balkon

2011–heute tätig als Redakteur und Autor; Umzug nach Bielefeld, dort Ergattern eines Schrebergartens mit eher schwerem, gutem Boden – völliges Umkrempeln dieses Gartens; wieder Ausprobieren neuer und unbekannter Pflanzen; Entdecken von Gemüse für Auge und Magen; Anrichten eines noch andauernden Gartenchaos, das nun in eine viel „ordentlichere" Parzelle überführt wird …

DER ANFANG:

Pfingstrosen

Meine Liebe zu den Stauden begann eindeutig mit den Pfingstrosen. Die erste Erinnerung an sie ist jedoch ziemlich diffus und reicht in meine Kindheit zurück. Nebelhaft kommt mir in den Sinn, dass meine Großmutter Helene bei einer Familienfeier (ich glaube es war irgendeine Erstkommunion) eine kugelige, dicke, grüne Knospe überreicht bekam, die eine dunkelrote Zone in der Mitte hatte. Farblich passte das sehr gut zu dem gedeckten Kaffeegeschirr, das eine tiefrote Edelrose zeigte und damals zu den Schätzen des Haushalts meiner Oma gehörte. Meine „Omma Lene" hatte nun die im Familienkreis eher umstrittene Angewohnheit, Geschenktes weiterzureichen, und so zog dieses Blumengeschenk nach dem Kaffeetrinken auf den elterlichen Esstisch um und blühte dort am nächsten Tag langsam auf. Ich war gebannt! Eine Vielzahl kurzer Blütenblätter quoll zwischen den grünen Kelchblättern und sehr großen, dunklen Hüllblättern hervor. Sie waren vom sattesten, tiefsten Rot, das ich bis zu diesem Zeitpunkt bei einer Blüte gesehen hatte. Die Pracht hielt allerdings nicht allzu lange. Etwa zwei Tage nach dem Erblühen hellte sich der Farbton bereits leicht auf und nach weiteren zwei Tagen waren die Blütenblätter auf die Tischdecke gerieselt.
Aber ich bekam diese Blume nicht mehr aus dem Kopf. Sie wurde mir von Mutter und Oma als „Pfingstrose" vorgestellt. Solch eine Zauberpflanze wollte ich unbedingt im Garten haben! So verkniff ich mir als junger Teenie drei Ausgaben der so begehrten Fix-und-Foxi-Hefte, stakste an einem schönen Spätfrühlingstag zur benachbarten Gärtnerei und kaufte ein kleines Pöttchen mit einem noch dunkelroten Austrieb, der

gerade vergrünte und gelappte Blätter zeigte. Vorsichtig setzte ich diese Kostbarkeit ins Gartenbeet ... doch ich war skeptisch. Warum blühte diese Pflanze nicht? Wieso waren die grünen Blätter dunkler als bei der Diva in der Vase? Überhaupt war die erstandene neue Gartenpflanze weder besonders ähnlich noch wirklich unterschiedlich zu der prallen Schnittblume. Nun ja: Ich begriff, dass ein Gärtner sich in Geduld üben musste und wartete ab.

Pfiffige Gartenfreunde werden sofort erkannt haben, dass es sich bei der Schnittblume auf Omas Kaffeetisch um die Bauernpfingstrose *Paeonia officinalis* 'Rubra Plena' handelte. Die Pflanze aus der Gärtnerei gehörte aber zur Gruppe der Chinesischen Pfingstrosen *Paeonia lactiflora*. Dieser Groschen fiel bei mir aber sehr langsam ... und welche Sorte es sein sollte, offenbarte sich erst später, sehr viel später.

Ich habe meine ersten Erfahrungen mit Pfingstrosen nämlich zu einer Zeit gemacht, als es diese Pflanzen (zumindest in meinem Heimatort, dem westfälischen Harsewinkel) nur in kleinen Töpfen gab und lediglich eine grobe Farbsortierung auf dem kleinen Steckschild angegeben war. Und da kleine Pfingstrosen mehrere Jahre brauchen, ehe sie blühen, war es eine Sensation, als sich die erste Kugelknospe erbsengroß inmitten eines Blattaustriebs blicken ließ. Einige Wochen später ging die Blüte auf – sie war weiß und hatte hier und da einen feinen karminroten Federstrich. Erst war ich ärgerlich, denn ich wollte ja eine rote „echte" Pfingstrose haben, aber dann freundete ich mich mit der Zufallsbekanntschaft an. Sie war nämlich nicht nur blütenschön, sondern duftete auch noch angenehm. Bald fand ich heraus, dass es sich um die sehr verbreitete und zu Recht noch heute beliebte 'Festiva Maxima' handelte. Ich habe sie seither immer wieder angepflanzt, ganz gleich, welchen Garten ich pflegen durfte. Ein Garten ohne sie ist für mich einfach undenkbar.

Natürlich bekam ich große Lust, weitere Sorten auszuprobieren. Da ich aber trotz bester Vorsätze, ein guter Gärtner zu werden, nicht besonders geduldig war (und auch heute nur ausnahmsweise bin) und außerdem kaum Geld zur Verfügung hatte, suchte ich Bezugsquellen, die mich schneller und preiswerter zum Ziel brachten. Bei einer lieben Bekannten wurde beispielsweise im Garten ein Zaun versetzt, damit ein Carport errichtet werden konnte. An diesem Zaun reckten sich dunkelrote Austriebe. Die Pflanze musste jahrzehntealt gewesen sein. Ich quengelte so lange, bis ich diese mir völlig unbekannte Pfingstrose ausgraben durfte. Ich behandelte sie wie ein rohes Ei. Im Umsetzjahr blühte sie zwar nicht und ich machte mir schon Vorwürfe. Diese lösten sich aber ein Jahr später in Wohlgefallen auf. Die legendäre 'Sarah Bernhard' in ihrem Apfelblütenrosa mit starkem Duft und schweren, überaus dicht gefüllten Blüten war im elterlichen Garten eingezogen. Ich schnitt einige Blüten ab und stellte fest, dass gerade diese Sorte sich sehr lange in der Vase hielt. Als bekennender „Schlunz" hatte ich die Blüte sogar stehen gelassen, als ihre Schönheit den Zenit überschritten hatte und kein Wasser mehr in der Vase war. Doch diesmal wurde meine Faulheit ausnahmsweise belohnt, denn die Blüte behielt die Form, trocknete ein und stand noch eine Weile als rosabrauner, morbide wirkender Schmuck in meinem Jugendzimmer, bis sie verstaubte ...
Ich bekam übrigens bei meinen Pfingstrosenexperimenten unverhofft moralische Unterstützung durch meinen Vater, der sich bis dahin nicht als Blumenfreund geoutet hatte. Bei einem Spaziergang im Mai durch den Garten steckte er mir, dass Pfingstrosen zu seinen besonderen Lieblingsblumen gehörten. Der Apfel fällt nicht weit vom Stamm, oder?
Ermutigt durch den väterlichen Zuspruch bestellte ich bei einer Staudengärtnerei (für einen für meine damaligen Verhältnisse exorbitanten Preis von 12 DM) eine Pflanze 'Primevère', deren weiße Blütenschale zartgelbe, schmale Petalen beherbergte. Ich pflanzte sie im Herbst und war völlig überwältigt, dass sie im folgenden Frühsommer bereits blühte. Geschickt wurde mir

nämlich kein kleines Pöttchen, sondern so genannte Wurzelware, die in keinen gängigen Staudentopf hineinpasst. Alles, was ich beachten musste, war, den Wurzelstock nicht zu tief zu setzen. Die gerade sichtbaren Triebansätze mussten den Himmel riechen können, so legte ich mir das gedanklich zurecht. Sie wurden mit vielleicht einem halben Zentimeter Erde bedeckt. Bereits im Frühling nach der Pflanzung bildete meine 'Primevère' drei Blüten aus. Seitdem bin ich ein Fan von Pfingstrosen als Wurzelware – es gibt nichts Besseres! Und ich hatte bei dieser Aktion begriffen, dass Qualität ihren Preis hat. Ich glaube, es war Elizabeth Arden, die sagte: „Der Preis ist schnell vergessen, die Qualität aber nie." Sie hätte auch Pflanzen verkaufen können statt Kosmetik.

Bei aller Euphorie hatte ich jedoch gehofft, dass die recht hübsche Blüte der 'Primevère' deutlich gelblicher ausfiel, denn die inneren Blütenblätter verblichen rasch zu einem Crèmeton. Ein Traum ließ mich also nicht mehr los: die gelbe Pfingstrose. Solche Sorten wurden erst sehr spät entwickelt und sattes, reines Gelb findet sich bei nur wenigen Wildarten und den Intersektionellen Päonien. Mittlerweile freue ich mich an der Sorte 'Lemon Dream', die mein Mann bei einem Gartenfestival erstanden hat und als einen seiner größten Gartenschätze betrachtet.

Doch auf die will ich jetzt nicht hinaus, denn auch ich habe meine große Liebe unter den Pfingstrosen längst gefunden. Ihr Name ist 'Claire de Lune'. Auch diese Sorte begegnete mir zuerst als Schnittblume – und zwar als ich Floristen begleitete, die eine Fotostrecke für ein Magazin vorbereiteten. Breite aprikosen- bis primelgelbe Blütenblätter umgeben ein Zentrum aus dicht stehenden, goldfarbenen Staubgefäßen. Es war eine echte Rarität! Neben der ungewöhnlichen Schönheit der Blüten hatte es mir auch der Name sehr angetan. Denn im Tierkreiszeichen des Krebses geboren, habe ich eine echte Schwäche für den Mond und liebe es darüber hinaus, wenn ein Sortenname zur Pflanze passt. 'Claire de Lune' rührt also auf ganzer Linie meine Seele. Anhand dieser Sorte ist mir klar geworden, dass es Züchtungen gibt, die nicht mehr übertroffen werden können. Nicht, weil sie makellos sind – „verbessern" lässt sich schließlich immer irgendetwas ... Nein! Perfektion ist nicht gefragt, wenn man liebt. Vollendung bedeutet, wenn man nichts mehr beim Gegenüber vermisst, ganz gleich, was man geboten bekommt.

BELLE DE JOUR:

Taglilien

Taglilien waren immer irgendwie da; allerdings dauerte es eine Weile, bis ich sie für den Garten entdeckte. Denn die Taglilie *Hemerocallis fulva*, die allerorten – gern auch außerhalb der gepflegten Gärten – wuchsen, gefielen mir gar nicht. Das grasartige Laub lag unmotiviert vornüber und die langen, drahtigen Stiele ragten unproportional lang über den Blattschopf hinaus und trugen zimtorangefarbene Lilienblüten. Selbst mein uraltes Gartenbuch, das ich einmal zu Weihnachten geschenkt bekommen hatte, stimmte mich nicht um, obwohl die ausgesprochen hübsche, melonenfarbige Sorte 'George Cunningham' abgebildet war. Wo sollte ich die wohl vor 35 Jahren als Teenie in Harsewinkel herbekommen?
Schlagartig änderte sich meine Einstellung zu Taglilien, als ich den ersten Katalog der Staudengärtnerei „Gräfin von Zeppelin" in die Finger bekam. Eigentlich wollte ich ja nur ein paar Iris haben, aber ich staunte nicht schlecht, als ich feststellte, wie groß die Auswahl an attraktiven Taglilien sein kann. Mein Problem war aber der Preis. Damals hatte ich ein strenges Budget von meinen Eltern vorgegeben bekommen, war knapp bei Kasse (das hat sich übrigens nie geändert) und wir waren an Pflanzenpreise für Stauden zwischen 1,50 und 3 DM gewöhnt. Da waren ja schon die Iris eine Gratwanderung. Doch einmal neugierig geworden, nahm ich mir vor, von den günstigeren Züchtungen drei verschiedene zu bestellen – wobei ich sicher gehen wollte, auch wirklich Top-Sorten zu bekommen. 5 oder 7 DM pro Pflanze waren selbst gegenüber meiner sehr verständnisvollen Ma nun mal erklärungsbedürftig. Ich weiß nicht mehr genau, welche Sorten ich aussuchte, bin aber sicher, dass 'Frances Fay'

bereits darunter war. Mich überzeugten der angekündigte kompakte Wuchs und die zartgelben, rosig schimmernden Blüten sowie der versprochene Blütenreichtum. Gespannt wartete ich auf die Lieferung.

Mir war es fast ein bisschen peinlich, als ich in Gegenwart meiner Mutter das Paket öffnete. Zum Vorschein kamen keine Stauden in Töpfen, wie wir sie bisher kannten, sondern wenig Vertrauen erweckende Blattfächer, die auch noch auf eine Handspanne gekürzt waren. Aus dem mütterlichen Gesicht mit kurzfristig gerunzelter Stirn und den hochgezogenen Augenbrauen las ich, dass sie zwar eine Kritik auf der Zunge hatte, diese aber verbarg, um meiner Scham nicht auch noch Frust durch Schelte zuzufügen. Ich erklärte ihr sofort, dass es sich bei der Gärtnerei um eine der renommiertesten Deutschlands handele, und gab vor, sicher zu sein, dass diese Pflanzen sich zu Prachtstücken entwickeln würden. Um meiner Aussage Nachdruck zu verleihen, bekamen die bewurzelten Blätter – denn um mehr handelte es sich nicht – unverzüglich einen Ehrenplatz. 'Frances Fay' kam zum Glück nahe an die Terrasse. Leider waren die anderen beiden Pflanzen im kommenden Sommer nicht mehr auffindbar. Erst später kam ich auf des Rätsels Lösung: Wühlmäuse hatten sich über sie hergemacht. Doch die Untergrundnager trauten sich nicht in die Nähe unserer Sitzplätze – vielleicht weil sich dort unser heldenhafte Kater „Whisky" (wegen der goldenen Augen) mit Vorliebe aufhielt. Im Folgejahr nach der Pflanzung zeigte 'Frances Fay' etwa zwölf Blüten auf zwei Stielen. Jede wies eine noble Lilienform auf. Das Gelb wirkte in der Sonne cremefarben und zeigte einen perlig-rosé-farbenen Schimmer. Die einzelne Blüte hielt zwar nur einen Tag lang, doch es kamen immer neue Knospen nach. Die Pflanze kam in Schwung und bestockte sich stetig und nach etwa vier Jahren konnte ich mit Fug und Recht von einer gut eingewachsenen, besonderen Taglilie sprechen, die in meinem Heimatort wohl kein zweites Mal zu sehen war. Allerdings war mir der Anlauf von der Pflanzung bis zur vollen Blüte deutlich zu lang ...

Dennoch: Ich hatte Feuer gefangen bei den Taglilien und versuchte nun, an etwas größere junge Pflanzen mit interessanten Blüten zu kommen. Während man heutzutage lediglich das Internet bemüht, um Gärtnereien oder Tauschbörsen zu kontaktieren, lief früher nichts ohne persönlichen Kontakt. Kein Wunder, dass sich mein Sortiment zunächst in Grenzen hielt, wenn auch Gartenfreunde, die selbst die eine oder andere Kostbarkeit in Petto hatten, mich ab und zu mit einer Kiste von Teilstücken gerade verjüngter Pflanzen beglückten. So lernte ich beispielsweise die kleinblumige goldgelbe 'Corky' kennen oder die fast weiße 'Serena Madonna'. Dann schickte mir Dieter Gaissmayer mal einige Pflanzen, wie die wunderbare 'Summer Wine' in sattem Rosarot und die aprikotfarbene 'Melonencocktail'. Beide waren getopft und kamen sehr gut voran. Am Beginn dieses Jahrtausends herrschten dann unangefochten Taglilien in meinen Gärten vor. Unkompliziert, wüchsig und blütenreich – und bei jedem Umzug konnte ich sie mitnehmen, denn sie nehmen das Ausbuddeln zu fast keiner Zeit übel. Dazugekommen sind in dieser Zeit 'Chicago Apachee' und 'Hexenritt', von denen ich mich einfach nicht entscheiden kann, welche das tollere Rot hat. Ich lernte die Sorten mit mittelgroßen und kleinen Blüten kennen und zähle seitdem die tiefrote 'Ed Murray' sowie die rosafarbene, dunkler beringte 'Sweet Tanja' zu meinen Lieblingen. Im vergangenen Jahr bestellte ich die eigentlich schon lange auf dem Markt befindliche 'Black Plush'; sie hat warm holzig-dunkelrote Blüten, einen goldgelben Schlund und eine überaus elegante, schmale Blütenform. Sie kamen bei mir (diesmal wieder von Zeppelin) im Topf an und blühten bereits im ersten Jahr außerordentlich reich

und lange. Nicht auszudenken, wie es noch kommen wird …

Doch eine Sorte, die ich etwa 2002 kennengelernt habe, ist und bleibt mein Favorit: 'Moonlit Masquerade'. Zuerst dachte ich, der Name hätte einen Schreibfehler und müsste „Moonlight Masquerade" heißen – doch das Oxford Dictionary gab Auskunft und ich konnte den Sortennamen mit „mondbeschienene Maskerade" übersetzen. Und das passt wirklich, denn die mondbleichen, cremefarbenen Blüten tragen einen dunkelroten Ring wie eine Augenmaske. Hinzu kommt noch, dass diese Sorte sehr kompakt wächst und, wenn einmal eingewachsen, locker sechs Wochen lang blüht und gelegentlich sogar remontiert. Sie passt wunderbar zur cremefarbenen, buschig wachsenden Edelrose 'Ambiente' und zum rotlaubigen Purpurglöckchen, von dem im nächsten Bericht die Rede sein wird. Dieses Trio setze ich übrigens in jeden Garten ein – egal ob er mir gehört oder ob ich für andere plane. Gelegentlich wechsle ich die Rosensorte aus und verwende die blass-aprikotfarbene 'Hermann Hesse'. Aber ohne Taglilien geht es einfach nicht, nicht einmal im Rosengarten.

VERSCHREIBUNGSPFLICHTIG:

Rotlaubiges Purpurglöckchen

So genau weiß ich gar nicht mehr, wann und unter welchen Umständen das erste Exemplar dieses Purpurglöckchens sich in meinen Garten gemogelt hat. Ich glaube, es war in Filderstadt Mitte der 90er-Jahre. Bis zu diesem Zeitpunkt kannte ich Landei lediglich grünlaubige Sorten der Gattung *Heuchera* mit elfenfeinen purpurfarbenen oder zartrosa Blüten, die sich ohne Probleme, aber auch ohne besonders aufzufallen, im Garten aufhielten. Das rotlaubige *Heuchera* gebärdete sich völlig anders. Schon allein die Form des Laubes erinnert eher an ein Ahornblatt als an das eines Purpurglöckchens, welches eher gewellt und gebuchtet daherkommt. Die Oberfläche von 'Palace Purple' wirkt wie gehämmert und glänzt stark. Fantastisch ist der Farbkontrast zwischen der Ober- und der Unterseite der Blätter. Man schaut von oben auf ein Rotbraun, das zwischen Bronze und Kastanie schwankt. Die Rückseite der Blätter weist ein hübsches Purpur auf – passend zum deutschen Namen. Da es hin und wieder durchblitzt, wirkt die Pflanze trotz ihrer dunklen Farbtöne stets lebendig. Im Frühsommer schmücken sich die Pflanzen mit einer Vielzahl winziger, wollweißer Blütchen an fadendünnen Stielen. Wind und Wetter schrecken diese Pflanzen ebenso wenig wie Schnecken. Selbst im Winter hält sich dieses Purpurglöckchen züchtig mit Blättern bedeckt, wenn sie auch durch Frost und Schnee zu Beginn des Frühlings etwas ramponiert aussehen mögen. Aber das macht nichts, schließlich treibt die Pflanze bald wieder neu aus.

In Windeseile bewährte sich das dunkelschöne Heuchera als Schlichter in allen, aber auch allen Gartenlebenslagen – und das sowohl auf leichten wie auf schweren Böden, in milden wie in rauen Klimalagen. Zuerst gesellte ich ihr farbähnlich blühende Stauden zu; etwa rotbraune Taglilien oder tief kastanienbraunrote Dahlien und Chrysanthemen. Todschick stehen dazu auch rotlaubige Dahlien wie die der „Bishop"-Gruppe. Dann experimentierte ich mit allen Rosa-, Purpur- und Pinktönen herum und freute mich über das Ergebnis. Mutig geworden flossen dann auch hier und da flammendes Orange und zartes Gelb ein und selbst nobles Blau macht sich bestens zum dunklem Laub.

Nach dem Kombinieren mit Blütenfarben machte ich mich an die hohe Kunst der Gestaltung unterschiedlich strukturierter Blattschmuck-Stauden. Ich war auf Kontraste aus und pflanzte fröhlich Bänder und mehrreihige Einfassungen aus *Heuchera* und silbrigem Currykraut (*Helichrysum*), Polsternelken (*Dianthus*) oder Heiligenkraut (*Santolina*). Um die Blattwirkung konsequent zu erhalten, habe ich in diesen Fällen die Blütenstände abgeschnitten und in die Vase gestellt, sowie die ersten Blüten sich öffneten; alles andere wäre mir zu fusselig gewesen.

Ganz anders hingegen zeigte sich aber mein Schnittverhalten, als ich die cremefarbene, kompakte Edelrose 'Ambiente' entdeckte und sie mit dem Purpurglöckchen 'Palace Purple' vergesellschaftete – das war kurz nach der Jahrtausendwende –; ich wohnte mittlerweile wieder in Westfalen, genauer gesagt in Rietberg und noch genauer gesagt in Varensell in Wurfweite meines jüngsten Bruders Bernd und seiner Familie. Hier setzten die weißen Blüten natürlich zauberhafte

Akzente zu den gleichfarbenen Rosen. Dazu noch eine kleine Gruppe der bereits beschriebenen 'Moonlit Masquerade' und das Dreamteam war geboren.

Mittlerweile ist die Gattung *Heuchera* stark in Mode gekommen und viele Sorten mit hübsch geformten und gefärbten Blättern sind erhältlich – wenn auch bei ihnen nicht alles Gold ist, was glänzt. Mir scheint es, als wäre in einigen Sorten ein „Rückwärtswachstumsgen" eingeschleust worden, um den Verkauf neuer Pflanzen anzukurbeln. Besonders die im Herbst angebotenen Blattschmuckpflanzen für den Balkon scheinen mir nicht vorbehaltlos gartentauglich. Eine rühmliche Ausnahme in dieser Hinsicht ist etwa 'Obsidian', die noch dunkler rot ist als 'Palace Purple' – ja sogar fast schwarz. Sicher gibt es noch mehr sehr gute neuere Heuchera-Züchtungen, aber ich gebe zu, dass ich an den dunkellaubigen Sorten den meisten Spaß habe und gar nicht motiviert bin, andere auszuprobieren. Sicherheitshalber bestelle ich sie immer bei Staudengärtnereien wie Gaissmayer und pflanze grundsätzlich im April oder Mai. Noch keine einzige Pflanze ist mir dabei verloren gegangen.

Übrigens – wenn man an Saatgut der guten „alten" 'Palace Purple' herankommt, ist auch eine eigene Aussaat sehr interessant. Ich habe mal so genannten Goldkorn-Samen von der Firma Jelitto ausprobiert. Dieses Saatgut ist so aufbereitet, dass arteigene spezielle Ansprüche etwa an Temperaturwechsel zur Zeit der Keimung nicht mehr ins Gewicht fallen. Meine Purpurglöckchen keimten genauso reich wie Ringelblumen. Und so kamen bei einer Aussaat Ende März im Hochsommer reichlich kräftige Palace Purples zusammen, um ein neues Beet damit zu bestücken. Und das ist auch gut so, denn diese Pflanze ist ein hinreißendes, universell einsetzbares gestalterisches Allheilmittel, das zuverlässig wirkt und garantiert keine schädlichen Nebenwirkungen hat.

DIE ÄTHERISCHEN:

Steppen-Iris

Bei meiner frühgärtnerischen Suche nach den schönsten Irisarten und -sorten stolperte ich auch über *Iris orientalis*. Und es entspann sich eine echte Liebesgeschichte mit Hindernissen und einem späten, aber furiosen Happy-End. Seit ich das erste Mal von Steppen-Iris gelesen hatte, war ich neugierig auf diese Prachtpflanzen. Das Plus bei ihnen ist, dass sie die Blütezeit aller Irisarten bis in den Hochsommer ausdehnen, ihre Blütezeit schließt sich an diejenige der Elatior-Bartiris an.

Der trockene Sandboden meiner Heimat erschien mir ideal für diese Iris. Zwar gefielen mir die farbenfrohen Sorten der nahe verwandten Iris spuria schon damals, aber das klare Weiß der Iris orientalis 'Frigia', das nur von einem gelben Saftmal geziert wird, zog mich völlig in seinen Bann. Mir schwebte eine Kombination mit wolkig-weißem Schleierkraut, zartgelben, kurzlebigen, duftenden Nachtkerzen und Lavendel vor. Es war klar: die weiße Steppen-Iris sollte auf dem letzten verfügbaren, sonnig gelegenen Beet den fulminanten Abschluss der Iris-Saison markieren. Aber was soll ich Ihnen sagen? Es ging gründlich schief. Vermutlich lag das am Pflanztermin – ich setzte die Pflanzen bereits Anfang März. Ich weiß noch, dass es bei der Pflanzung sogar etwas schneite. Naja, der Lavendel schlug sich irgendwie durch, die Nachtkerze kam zögerlich nach, das Schleierkraut war abhanden gekommen und aus dem Wurzelstock der Iris ließen sich gerade einmal zwei riemenförmige Blätter blicken. Ein ungewöhnlich kaltes und nasses Frühjahr bis etwa Ende Mai machte diese beiden zarten Hoffnungsschimmer selbst im ostwestfälischen Karnickelsand zunichte und ich leckte zutiefst frustriert meine Gärtnerwunden. Später begriff ich, dass die

meisten Stauden viel lieber in einigermaßen erwärmten Boden gesetzt werden. Der Schluss „Steppenpflanzen brauchen Wärme" war leicht gezogen und so machte ich mich daran, einen neuen Versuch mit der kühlen Schönen zu starten. Tatsächlich wuchs die 'Frigia' auch an – was aber aus dieser zweitgepflanzten Steppen-Iris geworden ist, erlebte ich nicht mehr, denn es stand ein Umzug an, ehe die Pflanze das erste Mal blühte. Jahre später, im neuen, ersten eigenen, von malerischen Obstbäumen beschatteten Garten mit schwäbischem Lehm auf den Fildern bestand keine Aussicht, Iris zum Blühen zu bringen. Das Projekt ruhte.

Weitere Jahre später nannte ich einen Garten mit steinig-mergeligem Boden im schönen Weserbergland am Tor zu Westfalen mein eigen. Glücklicherweise war die Hanglage gen Süden ausgerichtet und Iris-Pflanzungen versprachen Erfolg. Trotz des eher schweren Bodens gediehen sogar Bart-Iris, wenn auch etwas zögerlich! Ich erinnerte mich an meine bis dato platonische Liebe zu 'Frigia' und setzte sie an den sonnigsten Platz des Gartens – nachdem ich den Boden vorher gründlich gelockert hatte und die Pflanze erst im Mai setzte. Die kühle Schöne ließ sich etwas bitten, zeigte aber durch einen guten Laubzuwachs, dass ihr der Standort genehm war. Natürlich war die erste Blüte eine echte Sensation! Auch trug der Blütenschaft mehrere Knospen, die in gemessener Folge die edlen Blüten präsentierten. Ich war ganz aus dem Häuschen und besuchte die Kristallblumen täglich als erstes, setzte mich neben sie und trank genüsslich eine Tasse Kaffee, ehe die Kinder schulfertig gemacht werden mussten.

Ein Jahr später zeigten sich schon drei Blütenstiele und nun gab es kein Halten mehr – die Pflanze war fest etabliert, bestockte sich stetig und stand unerschütterlich da. Auch nach der Blüte machte das hohe, tadellos straffe Laub bis zum Frost einen enormen Eindruck, denn es strukturierte die Beete in einer strengen, edlen Weise. In meiner Nachbarschaft war ich mit der weißen Steppen-Iris konkurrenzlos. Die neue Pflanzengeliebte schmeichelte sehr meiner Eitelkeit und verführte mich, mit ihr im Gartengeleit anzugeben – allerdings nur bis zu dem Tag, an dem ich auf einer Reise durch Mecklenburg-Vorpommern an einem hübschen, kleinen, auf den ersten Blick unscheinbaren Garten vorbeikam ...

Es war wieder einmal Ende Juni und es ging zu einem von mir mit Spannung erwarteten Seminar in Sachen „Wildniswissen", das sehr viel umfassender als modische Survival-Trainings nicht nur das Überleben in der Natur, sondern auch die Spiritualität und die Weisheit von Naturvölkern in den Blick nimmt. Davon abgeleitet ist übrigens die „Wildnispädagogik" – ein ausgezeichneter Ansatz, mit Kindern umzugehen. Beides gehört zu dem Wertvollsten, das ich in meinem Leben kennengelernt habe ... aber, sorry, ich schweife ab.

Ich freute mich also auf ein acht Tage andauerndes Minipraktikum als Leitungsassistent von Scoutgruppen im Schulalter. Der Wald, in dem diese Aktion stattfand, lag naturgemäß weitab vom Bahnhof mitten in der Pampa kurz vor Polen und ich schleppte mein Zelt und meine Outdoor-Ausrüstung sowie einige Bücher (man verreist nie ohne ...) zu Fuß in der Mittagszeit auf einem malerischen Feldweg durch die wogenden Wiesen, die hier und da durch Waldstücke und Gebüschhaine unterbrochen waren. Hier wohnten nur wenige Leute und so war ich in keiner Weise auf das überwältigende Schauspiel am Reiseweg vorbereitet: Sicher weit über 1000 Blütenschäfte mit den klar weißen 'Frigia'-Blüten jubelten innerhalb eines ordentlichen, hölzernen Staketenzauns dem Himmel entgegen. Ich ließ alle Last von mir gleiten und setzte mich erst einmal an den Wegrand, um dieses Wunder in mich aufzunehmen. Mir kam in den Sinn, dass diese Sorte ja aus Russland stammt – irgendwie hatten die 'Frigia'-Pflanzen ihren Weg nach Meck-

Pomm gefunden. Die kraftvollen Pflanzen sahen aus, als hätten sie generationenlang dort gestanden, und wenn seitdem kein Unglück geschehen ist, werden sie auch noch ebenso lange dort ausharren.
Ich wurde sehr bescheiden, fast kleinlaut, als mir klar war, dass es keine große Kunst ist, die heikel gewähnte Steppen-Iris zur Blüte zu bringen. Alles, was man braucht, ist ein sonniger Platz, ein Boden mit gutem Wasserabzug … und Geduld.

DIE NATÜRLICHEN:

Maiglöckchen

Wer kennt es nicht, das romantische Waldgewächs, das jeden Betrachter durch seine Schlichtheit und den unverfälschten Charme verzaubert? Diese Pflanze gehört zu den ersten Blumen, die ich als Kind kennenlernte. Warum? Ganz einfach – es handelte sich um die Lieblingsblume meiner Mutter, die übrigens pünktlich am 1. Mai Geburtstag hatte.

Schon als Kind war ich immer pleite, denn Taschengeld gab es in unserem Hause erst, wenn die Grundschule bereits absolviert war. Womit sollte man dann der Mutter eine Freude zum Geburtstag machen? Selbst gemalte Bilder hatte sie so viele, dass sie das große Wohnzimmer damit hätte tapezieren können. Blumen kamen natürlich immer gut an, aber Maiglöckchen wirken nur ab einer Menge über zwei Dutzend – welch exorbitanter Luxus in einem Blumenladen, denn diese Blumen waren ziemlich teuer. Aber Not macht erfinderisch.

In meiner westfälischen Heimat ist bekanntlich das Land flach. Radeln war im damals noch weitgehend fernsehlosen und völlig computerlosen Kinderleben eine sehr beliebte Freizeitbeschäftigung. Sobald der Frühling kam, gondelte auch ich auf meinem Radl durch die umliegenden Bauernschaften und stromerte durch die Wiesen und Wälder. Ich hatte damals noch den klaren Berufswunsch, Tierforscher zu werden – Heinz Sielmann war mein großes Vorbild. Auf einer meiner besonders ausgedehnten Samstagstouren durch die so genannten Boomberge in Richtung des Harsewinkelschen Nachbarortes Beelen stieß ich im Mai auf eine Stelle, an der Maiglöckchen wuchsen. Pulkweise. Hunderte, vielleicht Tausend. Schiere Mengen – das hatte ich noch nie gesehen. Die Pflanzen wuchsen in mehreren großen Placken. Ich wusste bereits, dass man die Blüten nicht wie üblich abreißen darf, sondern vorsichtig aus dem Boden ziehen muss, das hatte mir irgendwann einmal jemand erzählt. Außerdem war mir klar, dass es klug war, diesen Ort geheim zu halten. Zwar war der Geburtstag meiner Mutter in jenem Entdeckungsjahr schon vorbei. Doch es stand der Muttertag direkt am folgenden Sonntag an. So zog ich einen riesigen Strauß zusammen, versteckte ihn erst in meiner Satteltasche und später in einem Gurkenglas als Vasenersatz im Keller und stach am folgenden Tag meine drei Brüder mit der blumigen Grandezza eines Renaissancefürsten aus. Selten hat ein Wohnzimmer so geduftet wie in diesen Tagen. Angespornt dadurch wollte ich diese Wunderblumen in den elterlichen Garten setzen, natürlich um noch mehr bei meiner Ma zu punkten. So begab ich mich gut zwei Wochen später wieder in den geheimen Wald, grub sehr vorsichtig fünf Pflanzen aus und wickelte sie in ein mitgebrachtes Geschirrtuch, das ich im nahegelegenen Bach nass machte. Stolz radelte ich wieder gen Elterngarten. Das Ganze entpuppte sich jedoch als Misserfolg, denn die Maiglöckchen wollten nicht anwachsen und siechten dahin. Währenddessen verriet ich meinem damaligen besten Freund Ralf Thiesbrummel, mit dem ich alle meine Geheimnisse teilte, mein Tun. Diese liebenswürdige Spaßbremse holte mich neunmalklug auf den Boden der Tatsachen zurück und erklärte mir über seine Glasbaustein-Brille hinweg ein wenig wichtigtuerisch, dass Maiglöckchen unter Naturschutz stünden und es verboten wäre, sie zu pflücken oder gar auszugraben. Stockschwerenot! Ralf und ich hatten nämlich gerade unsere Erstkommunion hinter uns und wir beschlossen, dass ich das unverzüglich zu beichten hätte. Vielleicht würde Gott dann helfen, dass ich nicht im Kittchen landete – denn davor hatte ich wirklich Angst. Pfarrer Haggeney brummte mir einige Rosenkränze auf, Gott zwinkerte mir dabei zu und verpetzte mich nicht – Ralf hielt übrigens auch dich, auf ihn war auch immer Verlass. Das Beichten habe ich mir allerdings in den folgenden Jahren abgewöhnt und trotzdem immer einen Strauß im Mai gepflückt. Das habe ich mit Gott dann alleine abgemacht ...

Doch auf Dauer wollte ich der Illegalität und dem einhergehenden schlechten Gewissen entkommen. So setzte ich alle Hebel in Bewegung, um Maiglöckchen im Garten zu etablieren und stellte fest, dass sie entweder wachsen wie verrückt oder einfach nicht wollen. Sandigen Boden tolerieren sie nur unter Laubgehölzen – der Schatten der damals auch bei uns modischen Omorika-Fichten war ihnen ein Gräuel. Humus, so heißt das Zauberwort. Und natürlich Halbschatten – doch wenn alles andere passt, wagen sie sich auch vorwitzig in die Sonne und unterwandern mit ihren langen Wurzelausläufern Hecken, Terrassenplatten und Wege.

Es dauerte ein wenig, bis Maiglöckchen in unserem Garten Fuß gefasst hatten. Und ich staunte nicht schlecht, als sich zeigte, dass das ehrlich erworbene Garten-Maiglöckchen deutlich größer und prächtiger wuchs und blühte als die wilden Kollegen im Wald. Kein Anlass mehr, die Natur zu freveln. Ich versichere Ihnen hoch und heilig, die Maiglöckchenstellen seitdem nicht mehr entweiht zu haben.

Im Laufe der Jahre lernte ich noch ein paar andere Maiglöckchen-Züchtungen kennen. Das rosa blühende 'Rosea' ist eigentlich nur in der Vase wirklich schön, aber warum nicht? Die gefüllte Sorte 'Pleniflora' halte ich eher für ein Kuriosum als für eine echte Schönheit – aber die Geschmäcker sind nun mal verschieden. Anders liegt der Fall bei der Sorte 'Albostriata' mit den gestreiften Blättern. Ich finde, sie wirkt zur Gartenform wie eine schicke Schwester, die ihr Nadelstreifen-Kostüm übergeworfen hat.

Und doch übertrifft keine Züchtung den schlichten Zauber der Urform. Ist das nicht ein großes Kompliment für eine Blume, wenn der Mensch über die Jahrhunderte kaum an ihr herumgezüchtet hat?

DIE FRÖHLICHEN:

Kleinblumige Staudensonnenblume

Lieben Sie die Farbe Gelb? Ich hatte lange Jahre ein gespaltenes Verhältnis zu Gartenpflanzen, die in der Farbe der Sonne blühten – lediglich ein softes Creme, ein zartes Buttergelb oder leichte Gelbtöne mit aprikosen- oder pfirsichfarbenem Einschlag durften in meinen Pflanzungen Glanzlichter setzen. Das satte, brokaten wirkende Goldgelb war mir einfach zu plakativ. In den Gärten, in denen meine Gartenerfahrungen ihren Anfang nahmen, wuchsen in dieser Farbe große Horste von Sonnenauge (*Heliopsis scabra*), dem unvermeidlichen Goldsonnenhut (*Rudbeckia* 'Goldsturm') und den lang aufschießenden üblichen Staudensonnenblumen (*Helianthus decapetalus*). Alle diese Pflanzen waren Erbstücke aus anderen Gärten. Sie waren da, weil sie sich ohne viel Pflege durchsetzten, und übernahmen die Beete langsam, aber stetig. Besonders die Sonnenblumen ärgerten mich. Sie wucherten ohne Ende und waren in fröhlicher Regelmäßigkeit vor dem Einsetzen der Blüten weiß von Mehltau. Sonnenblumen waren also erst einmal ein Thema für die Einjährigen-Fraktion und ich widmete mich konsequenterweise den blass mondgelben und braunroten Sorten.

Jahrzehnte später besuchte ich die IGA in Rostock. Es gab einen Auftrag von den Veranstaltern, ein Magazin darüber zu erstellen, und ich konnte das Terrain im Oktober 2002 vor der Eröffnung im darauf folgenden Jahr 2003 einmal in Ruhe begehen. Die

Staudenpflanzung stand an dem herrlich sonnigen Altweibersommertag noch in schönster Blüte und mittendrin ragten mannshohe Pulks zitronengelb blühender Stauden auf. A Star was born: *Helianthus microcephalus* 'Lemon Queen'. Ich war begeistert!

Meine erster eigener Versuch mit dieser faszinierenden Pflanze, die ich im Herbst 2003 pflanzte, scheiterte an meiner Ungeduld. Ich setzte sie an einem nassen Oktobertag – und prompt verfaulte sie mir, da die ergiebige Regenphase bis weit in den November hinein anhielt. Doch der Ehrgeiz war stärker als der Frust. Im darauf kommenden April pflanzte ich erneut eine Zitronenkönigin – diesmal in den bereits leicht erwärmten Boden. Das war ein Volltreffer, denn sie wuchs kraftvoll heran und blühte recht nett. Aber erst im Folgejahr ging es richtig zur Sache. Offenbar war der Wurzelstock bereits üppig herangewachsen, denn der Austrieb nahm bereits mindestens die doppelte Fläche ein wie im Herbst des Vorjahres. Die Pflanze mit dem rauen, völlig gesunden und schneckenfreien (!) Laub baute sich absolut solide auf. Ab Mitte Juli zeigten sich die ersten Blütenkörbe an der Spitze der Triebe. Mittelgroß, in einem „sauren", sehr hübschen, grünlichen, aber weichen Zitronengelb strahlten sie mich an. Gleichzeitig streckten sich die Seitentriebe mit noch jungen Knospen um die Blütenkörbe herum und hatten sie exakt zu dem Zeitpunkt überwachsen, als die ersten Blüten vergingen. Und das nur, um selbst zu erblühen und ihrerseits wieder überwachsen zu werden. Ein Ausputzen war nicht nötig; die Pflanze stand bis Ende Oktober tadellos blühend da. Ihre Wuchsform ähnelt daher einem länglich gestreckten Trichter – allerdings einem beeindruckenden, denn 'Lemon Queen' erreicht locker eine Höhe von zwei Metern. Daher eignet sie sich bestens als Sichtschutz, wenn der „Blickdicht-Effekt" erst ab Hochsommer gewünscht wird. Am Zaun etwa ist sie ein fabelhafter Willkommensgruß. Aber auch inmitten einer ansonsten eher flach – in diesem Fall bis knie- oder tischhoch – gehaltenen Pflanzung ragt sie skulpturhaft auf.

Muss man diese Sonnenblume eigentlich stützen? Ja und nein! An windgeschützten Standorten ist das unnötig, denn die Statik der Pflanze trägt die Blüten völlig problemlos. Auch neben festen Zäunen finden sie meist ausreichend Halt. Doch wo die Herbststürme fegen, ist ein Aufbinden wichtig, schließlich handelt es sich um eine Staude und nicht um ein Gehölz.

Neben allen praktischen Gartentugenden versöhnte mich 'Lemon Queen' mit dem bis dato wenig geliebten Gelb. Meine liebenswürdige, stets gut aufgelegte Nachbarin zur Rechten in Porta Westfalica, Frau Budde, ließ den Groschen bei mir fallen. Sie sprach mich eines sommerlichen Regentages auf die opulente Pflanze an, die sie jedes Mal beim Heimkommen sehen konnte. „Ich bekomme immer gute Laune, wenn ich an dieser Pflanze vorbei gehe!", so waren ihre mit einem fröhlichen Lachen garnierten Worte.

Als ich bald darauf wieder einmal meinen Wohnort wechselte, schenkte ich ihr ein faustgroßes Stück der 'Lemon Queen' für ihren eigenen Garten – es war übrigens gar nicht so leicht, den festen, fast verholzten Wurzelstock zu teilen. Mittlerweile ist er stark herangewachsen und verbreitet in einem anderen Garten weiter Freude. Ganz so, wie es sein soll.

DIE UNVERZICHTBAREN:
Duftveilchen

Kein, wirklich kein einziger Garten kommt ohne Veilchen aus. Das ist völlig unmöglich und liegt jenseits meiner Vorstellungskraft und meines Vorstellungswillens. Selbst meine sehr beschäftigten Eltern hatten bei der Anlage ihres Garten am Haus Zeit, Veilchen zu pflanzen.
Veilchen gehören in jedem Jahr zu den ersten blühenden Stauden. Und das Beste: Sie gedeihen vorzüglich im Schatten von Gehölzen aller Art. Obwohl sie so klein sind, kann man sie nicht übersehen – und erst recht nicht „überriechen"; zumindest, wenn sich ein Trupp etabliert hat. Der Veilchenduft ist legendär und zahlreiche mehr oder weniger prominente Menschen sind ihm rettungslos verfallen; ich befinde mich also mit meiner Vorliebe für dieses Romantikblümchen in allerbester Gesellschaft, denn nicht nur Goethe mochte seine blumig gewordene Bescheidenheit.
Erstaunlicherweise haben ausgerechnet viele berühmte Männer aus ihrer Schwäche für das sprichwörtlich blaue Veilchen keinen Hehl gemacht. Den Aufzeichnungen nach nahm die Veilchenschwärmerei bei Hephaistos, dem griechischen Gott des Feuers und der Schmiedekunst, seinen Anfang. Doch für ihn war das Veilchen Mittel zum Zweck. Er wollte seine Angehimmelte, und das war keine Geringere als die Liebesgöttin Aphrodite, beeindrucken und über seinen körperlichen Makel – Hephaistos hinkte seit einem frühkindlichen Unfall – hinwegtäuschen. Gescheit und handwerklich geschickt wie er war, bekam er es als erster fertig, den Veilchenduft zu fixieren. Er erfand das erste Männerparfüm der Geschichte, rieb sich mit der wohlriechenden Essenz ein und riss die liebreizende Schaumgeborene dazu

hin, ihn zu ehelichen. Dass die Ehe schief ging, lag nicht am Veilchen. Aphrodite ist nun einmal nicht die Göttin der Ehe (dafür ist Hera zuständig), sondern verwaltet das Ressort der Liebe – und die lässt sich nicht immer dauerhaft binden. Anscheinend ist es das Schicksal der Veilchen, zwar eine romantische Stimmung zu erzeugen, aber nicht automatisch dauerhaftes Glück zu garantieren, wie das nächste Beispiel zeigt: Ein gewisser Napoleon liebte Veilchen ebenfalls und umwarb damit die schöne, großherzige Salondame Joséphine Beauharnais. Sie erhörte ihn, wurde Napoleons erste Frau und somit die allererste Kaiserin Frankreichs. Doch auch dieses Eheglück war bekanntlich von eher kurzer, wenn auch ausgesprochen leidenschaftlicher Dauer; dynastisches Kalkül stand der Liebe im Wege. Weniger historisch, aber im Verwandtenkreis wohlbekannt war, dass meine eigene angeheiratete Tante sogar Veilchen im Brautstrauß hatte. Diese waren in kleine, runde Sträußchen gebunden und lang angedrahtet, so dass sie auf gleicher Höhe wie die dazu kombinierten rosa Nelken standen. Der Strauß sah absolut extravagant aus, aber über den Verlauf dieser Ehe kann ich nichts sagen. Die Familie hatte dort eine Sollbruchstelle und über den Rest der Story schweigt des Sängers Höflichkeit. Nun hoffe ich, dass niemand mutlos geworden ist, bei dem/der die Veilchen am romantischen Anfang einer Liebesbeziehung standen. Es soll ja auch Fälle geben, die gut gegangen sind …
Rein gärtnerische Liebschaften zu Veilchen sind mit größter Wahrscheinlichkeit von Dauer – vorausgesetzt, Sie finden einen halb- bis vollschattigen Standort für die Pflanzen, dessen Boden nicht austrocknet. Andernfalls gilben die Blätter vor sich hin und bekommen mit ziemlicher Sicherheit Spinnmilben, selbst wenn sie irgendwie frisch aussehen. Die Pflanzen wachsen dann deutlich schwächer. Doch das ist auch so ziemlich das einzige Schreckensszenario, dass sich vorstellen lässt. Meist verbreiten sich die Pflanzen sehr willig durch kurze Ausläufer und nehmen langsam, aber stetig ansehnliche Flächen ein. Ameisen tragen

die sich reichlich bildenden Samen im Garten umher und man findet überall Pflanzen, die einem nur selten lästig werden. Veilchensorten gibt es mehr, als man meinen möchte. Vom Duftveilchen *Viola odorata* sind als andersfarbige Selektionen etwa das zartgelbe 'Sulphurea', das weiße 'Alba' oder das rosarote 'Cœur d'Alsac' bekannter geworden; allerdings duften sie nicht ganz so stark wie die Ausgangsform. Am berühmtesten ist (zu Recht) die 'Königin Charlotte' im typischen indigo-, pardon, veilchenblau. Sie wuchs auch schon in meinem elterlichen Garten und brachte, seit ich denken kann, den Frühling in den Garten. Aber so eine reine Frühlingsblume ist sie denn doch nicht, denn ich staunte nicht schlecht, als ich sie eines schönen Spätsommertages neben den Winterastern blühen sah (einige von unserer rosa Standardsorte, die wir exzessiv vermehrt hatten, standen im Halbschatten ... mehr zu ihr im kommenden Beitrag). Veilchenduft im September – etwas schräg, diese Vorstellung, aber nicht schlecht! Zuerst dachte ich, die Pflanze reagiere auf Wetterkapriolen, doch die Herbstblüte stellte sich auch in den folgenden, klimatisch recht unterschiedlich verlaufenden Jahren in zuverlässiger Regelmäßigkeit ein.

Eines schönen Tages legte mir Dieter Gaissmayer die etwas großblumigere, aber ebenfalls dunkelviolette Sorte 'Donau' in meinen Staudensammelkorb, und ich muss sagen, dass auch diese Sorte unbedingt das Zeug zum Veilchenstar hat. Die Blüte ist nicht nur groß und sehr klar geformt, sondern duftet auch noch stark und süß. Eine ideale Sorte für alle Desserts und Gerichte, die sich mit Veilchen zubereiten lassen. Allerdings muss ich zu meiner Schande gestehen, dass mir die Pinselei mit Zucker und Eischaum und das anschließende stundenlange Dörren dieser Süßigkeiten im Ofen etwas nervig wurde. Ich habe wohl nicht die Geduld, ein Blumen-Pâtissier zu werden ...

Ein paar Herbste später stromerte ich wieder einmal durch Dieters Illertisser Gärtnerei und konnte einfach nicht widerstehen – ich nahm mir ein paar bereits blühende Pflanzen von 'Königin Charlotte' mit, denn sie waren wie geschaffen für meinen Balkon, auf dessen fünf Quadratmetern ich mich gut zwei

Jahre während meiner Münchner Zeit austoben durfte. Ich verbrämte die Gefäße, die ich bereits mit Rosen und Zwiebelblumen bestückt hatte, mit ihnen. Der Winter im ersten Standjahr war bitterkalt und mich beschlich ein rabenschwarzes Gewissen, die Pflänzchen dieser Tortur im Kasten überhaupt ausgesetzt zu haben. Noch immer will ich nicht behaupten, dass es zur Nachahmung empfohlen ist, doch was soll ich sagen: Die Veilchen grünten und blühten bereits ab Mitte Februar, wenn auch mit Unterbrechung durch Väterchen Frost. Der Veilchenduft lag als unsichtbares blaues Band wieder einmal in der Luft. Der Anfang des Blumenjahres konnte also auch auf dem Balkon gemacht werden – genau wie so oft vorher und hoffentlich noch oft ab 2012 im eigenen Garten – mit Veilchen. Glücklicherweise! Denn ein Frühling ohne Veilchenduft, das ist wie ein Frühling ohne Vogelgesang!

DIE TAPFEREN:
Winterastern

Dieser Pflanzenname ist ein wenig in die Jahre gekommen. Die betreffenden Pflanzen werden heute allgemein und mit botanisch-taxonomischer Legitimation als „Gartenchrysanthemen" bezeichnet.
Kennengelernt habe ich diese Spätzünder im Blumengarten bereits sehr früh in meiner aktiven Hobbygärtnerlaufbahn. In einem ausgehenden Sommer Mitte der 70er-Jahre leitete meine Mutter die Liaison ein: Eine rosa gefüllt blühende, etwa tischhohe Pflanze wurde mir als „Winteraster" vorgestellt. Als Zwölfjähriger hinterfragt man nicht immer und überall Gartenblumennamen, erst recht nicht, wenn die eigene Mutter sie nennt. Doch verglichen mit den einjährigen Sommerastern (*Callistephus*), die in unserem Garten damals sehr reich mit dem Löwenmaul um die Wette blühten, sahen nun die in die Gartenfamilie aufgenommenen Winterastern doch deutlich anders aus. Auch den ständig von Mehltau befallenen (also alten Sorten von) Glattblatt-Herbstastern (*Aster novi-belgii*) ähnelten die jetzt auf der Bildfläche aufgetauchten rosa Schönheiten ganz und gar nicht. Wieder einmal führte mich mein Weg in die Harsewinkel'sche Leihbücherei. Ich vertiefte mich in die Lektüre der Gartenwerke und kam dahinter, dass es sich um Chrysanthemen handelte. Nun sahen die mir geläufigen Chrysanthemen meiner Jugend völlig anders aus, zumindest die, die ich aus dem Schnittblumenladen kannte. Da gab es die fußballgroßen Deko-Chrysanthemen, die im Herbst immer in unserer Bodenvase standen – am liebsten mochten wir die bronzefarbenen Sorten; die gelben

und weißen hatten aber zusammen mit beerentragenden blattlosen Ilex-Zweigen auch ihren Reiz. Außerdem waren die so genannten „Spinnen-Chrysanthemen" sehr modern, besonders die buttergelben Sorten waren allgegenwärtig. Aber eines Tages fanden sich im Blumengeschäft von Hanna Grothues, das übrigens praktischerweise zwei Häuser neben dem unseren lag und zur Gärtnerei ihres Mannes Bernhard gehörte (dort machte ich einige Jahre später mein einjähriges Gärtnerpraktikum, um Gartenbau studieren zu können – die Gärtnerei war nur knapp zehn Radlminuten weiter weg), mysteriös rosamalvenfarbig und dunkel purpurn blühende Sorten. Wow! Ein, zwei Jahre später fluteten die so genannten Mumies – vielblumige Chrysanthemen, die an farbige Margeriten erinnern – alle Blumenläden Deutschlands. Doch alle diese Chrysanthemen-Blütenkörbe und auch die Laubblätter waren viel bis sehr viel größer als die Winterastern aus dem Garten, wenn auch Pflanzenaufbau, Blattform und Geruch durchaus übereinstimmten.

Um der Sache auf die Spur zu kommen, erstand ich im bald folgenden Herbst zwei Töpfe kleiner, pummeliger Chrysanthemen, die ebenfalls zum festen Angebot von Frau Grothues gehörten. Ich entschied mich für eine strahlend gelbe Sorte; schließlich heißt „Chrysanthemum" übersetzt ja auch nichts anderes als „Goldblume". Die Pflanze nahm sich im Beet sehr niedrig aus, aber die Blüten waren dennoch wesentlich größer als die der mittlerweile verblühten rosa Gartenpflanze. Der Winter kam und ging und im Laufe des kommenden Frühjahrs trieben beide Chrysanthemensorten wieder aus. Doch – oh Wunder – die kompakte Gelbe überholte die kleinblumige Rosafarbene in der Höhe. Rosa blühte wieder eher als Gelb. Genau genommen blühte Gelb nicht, da die sehr spät erscheinenden Knospen den ersten Frösten zum Opfer fielen. Aber gesunde Blätter hatte die Gelbe sowieso kaum noch. Ich war entsetzt und der Fall „Winteraster" lag vorerst ad acta. Die Gelbe habe ich übrigens des Gartens verwiesen, während die rosafarbene bestens weiterwuchs, treu und reich blühte und sich so gut teilen ließ, dass wir fortan viele freie Gartenplätze damit bestücken konnten.

Szenenwechsel. Studium Gartenbau. Auf dem Stundenplan standen die Einflüsse der Tageslängen auf die Blütenbildung von Chrysanthemen sowie der Einsatz von Pflanzenhormonen, genauer gesagt Pflanzenstauchemitteln. Mir ging ein Kronleuchter auf, als mir klar wurde, dass Chrysanthemen als uralte Kulturpflanze für sehr unterschiedliche Zwecke gezüchtet wurden. Da gibt es die Gewächshauschrysanthemen für den Schnitt, die lange Stiele und sehr große Blüten bilden sollen. Durch einen konsequenten Tag- und Nachtrhythmus, der durch Verdunkeln der Bestände vom späten Nachmittag bis zum nächsten Morgen erfolgte, kommen sie zum gewünschten Zeitpunkt zur Blüte. Das gleiche Verfahren wird auch bei den Gewächshauschrysanthemen für Topfkultur angewendet. Zusätzlich werden diese noch mit Stauchemitteln behandelt; nur so bleiben sie im handlichen Format und passen perfekt in die Normmaße der Transportpaletten und in die Höhen der Stapelböden der Transportwagen (= CC-Karren). Sie wurden zu Pflanzen von der Konfektionsstange!

Bis zu diesem Zeitpunkt mochte ich Topfchrysanthemen. Doch die Vorstellung, dass sie lediglich durch den Einsatz von Chemikalien in ein handelsfreundliches Format gepresst werden können, vergällt mir die Freude an ihnen. Die Eigenschaften der Chrysanthemen, auf bestimmte Lichtrhythmen mit Knospenansatz zu reagieren, machten sie zur Alljahresblume. Nicht nur in der Blumenvase! Selbst im Frühling habe ich bereits blühende Topfchrysanthemen gesehen, die als peinliches Margeritensurrogat die Schönheit der benachbarten Frühlingsblumen wie Tulpen, Islandmohn und Vergissmeinnicht trübten. Ich halte es für niederträchtig, eine so wunderschöne Blume wie die Chrysantheme durch Vermassung so zu entwerten.

Aber halt! Es gibt sie noch – die Winterastern mit dem zeitlosen Gartencharme. In Staudengärtnereien begegnete ich ihnen wieder. Viele zum Teil über fünfzig Jahre alte Sorten haben sich ihre Vitalität erhalten. Die Blütezeit ist unterschiedlich; frühe Sorten brauchen nur wenige „lange Nächte" und legen bereits im Hochsommer Knospen an, die ab etwa Mitte August aufblühen. Die spätesten Sorten öffnen ihre Blütenkörbe erst ab Mitte Oktober. Steht sie geschützt, wartet die Pflanze durchaus bis zum Advent mit Blüten auf, da ihre Knospen selbst erste Fröste überleben. Ich werde nie vergessen, wie eine nicht gefüllte puderrosa Sorte (ein Geschenk ohne Namenssicherheit einer schwäbischen Nachbarin in Filderstadt ... wie hieß sie noch ...) neben einer rot geklinkerten Wand noch im November Heerscharen von hungrigen Bienen anlockte. Ebenfalls gut in Erinnerung ist mir die rot blühende Sorte 'Fellbacher Wein', die sich im Hochsommer zwischen all den Staudenstars bestens durchsetzte. Aber eine besondere Liebe entflammte, als ich die Sorte 'Poesie' im Garten hatte. Eigentlich war sie eine Verlegenheitslösung und passte noch in die Staudenkiste, die mir wieder einmal Dieter Gaissmayer zusammenstellte – sozusagen als Lückenfüller. Wie lieb von ihm und welch ein Gewinn! Die Blüten zeigten sich ab etwa Ende September und dann bis in den November. Als ich einmal während einer sehr verregneten Wetterphase einige Stiele abschnitt, um sie vor dem Nässeruin zu retten, erlebte ich das Wunder der Verzauberung, das jeder wirklichen Liebesbeziehung vorausgeht: Die Blüten erfüllten den ganzen Raum mit einem süßen, honigartigen Duft. Zugleich tauchte die sehr tief stehende Nachmittagssonne die kobaltblaue Vase auf der Kiefernholz-Kommode in ein goldenes Licht. Im Lichtkegel tanzten die mikrofeinen Staubkörnchen der zentral beheizten Wohnung. Ich konnte nur schweigen und innehalten. So gehört es sich, wenn man einen magischen Moment als solchen erkennt.

Nie wieder lass' ich mir die Chrysanthemen entwerten; nicht einmal durch den „richtigen" Namen, wenn der inflationiert und mit seelenlosen Pflanzen und Blumen assoziiert werden kann. Das ist der Grund, warum ich sie grundsätzlich als Winterastern bezeichne.

DIE WALDSCHÖNEN:
Fingerhut

Fingerhut war im Garten meiner Kindheit allgegenwärtig. Ich habe keine Ahnung, ob meine Mutter im elterlichen Garten einmal die ersten Pflanzen gesetzt hatte oder ob Samen aus den Nachbargärten sich einfach frech selbst das noch freie Terrain erobert hatten. Fest steht, dass ich bereits als Kind fasziniert von den hängenden, innen getupften purpurrosa Blüten war, in denen sich eigentlich ständig Hummeln tummelten. Von klein auf wurde ich aber vor ihnen gewarnt. „Sei vorsichtig mit dem Fingerhut, der ist sehr giftig", brannte es sich mir in meinen Kopf. Natürlich war ich äußerst eingeschüchtert dadurch und fürchtete, dass ich tot umfiele, wenn ich die Pflanzen berühren und vergessen würde, mir anschließend gründlich die Hände zu waschen. Mittlerweile sehe ich das lockerer – kaum ein Inhaltsstoff einer Pflanze wirkt so stark, dass seine Spuren auf den Fingern ein Ableben einleiten können.

Da Fingerhut eine heimische Wildpflanze ist und bestens mit den Voraussetzungen unseres Gartens zurechtkam, war er dort ein echter Selbstläufer. Neue Jungpflanzen fanden sich in reicher Fülle an den unmöglichsten Stellen und meine Aufgabe in frühen Garteneinsätzen bestand darin, sie im Sommer mit einer Pflanzkelle bewaffnet einzusammeln und an die Plätze umzusetzen, an denen wir die Blüten haben wollten. Aber wie das so ist mit allem, was in Hülle und Fülle bereit steht: Überfluss führt zu Überdruss. Irgendwann kippte die Zuneigung zu den Fingerhüten und nach und nach entfernte ich die Pflanzen, um neue Staudenarten kennenzulernen. Es kann auch daran liegen, dass mit den Jahren die Blüten der Fingerhut-Pflanzen denen der wild wachsenden Waldpflanzen glichen. Sie hingen eher schlapp

an den Stielen und waren vergleichsweise klein. Mit der Raffinesse der Eisenhutsorten, der fedrigen Leichtigkeit der Astilben oder der Blattpracht der Funkien konnten die wildhaften Fingerhüte nicht mehr mithalten.

Die Zeiten änderten sich. Neue Gärten wurden geplant und gepflegt und bis vor wenigen Jahren hatte ich Fingerhut in keinem einzigen davon eingesetzt. Irgendwann aber purzelten mir bei der Planung eines Buches Bildaufnahmen von einem Garten auf den Monitor, die mich inspirierten, dem verkannten Jugendfreund wieder neu zu begegnen. Die Pflanzen auf den Fotos waren relativ groß, die Blütenstände sehr dicht bestückt und das Tollste: Sie schimmerten nicht nur in sehr unterschiedlichen Tönungen zwischen Weiß, Rosa und Purpur, sondern standen nahezu waagrecht ringsum ab! Als Sortenbezeichnung las ich 'Foxi' – unter den anderen Auswahlbildern stand 'Gloxiniaeflora'. Da die Anzucht des Fingerhuts – er wächst zweijährig – gar kein Problem darstellte, versuchte ich es gleich mit je einer Tüte dieser Sorten. Es war ein später Apriltag, als ich den Samen in einer Saatschale ausbrachte und nur ganz leicht mit Erde bedeckte.

Na, da hatte ich mir etwas eingehandelt! Die Ausbeute an Sämlingen war immens. Allerdings waren auch die aufgelaufenen Pflänzchen winzig. Wie immer beim Selbstaussäen wollte ich meine benötigte Anzahl der Pflanzen in kleine eckige Töpfe pikieren und so lange darin wachsen lassen, bis sie den Topf vollständig mit Wurzeln ausgefüllt hatten und dann ins Beet als starke Jungpflanze übersiedeln durften. Für jede Sorte hatte ich 24 Töpfe vorbereitet – so viele passen nämlich in die schwarzen Kisten, die ich vor Jahren einmal in einer Gärtnerei dem Chef abgeschwatzt hatte. Ich besitze genau zwölf Kisten mit den darin passenden Topfsätzen und habe diese selbst in Zeiten, in denen ich lediglich einen Balkon hatte, nie hergegeben. Seit jeher gehören sie zu meinem unveräußerlichen Besitz und bilden traditionellerweise den begrenzenden Faktor bei meinen Aussaatschlachten. Sind sie alle bestückt, herrscht Aussaat-Stopp.

Ich blieb eisern mit der Vorgabe, denn mehr als knapp 50 Fingerhut-Pflanzen konnte ich beim besten Willen nicht in den Beeten unterbringen. Aber die Sämlinge waren so winzig, selbst als sie ihre beiden ersten arttypischen Blätter gebildet hatten. Dennoch verfolgte ich die Devise „eine Pflanze – ein Topf" und widerstand der Versuchung, sie tuffweise zu setzen. Die gut 300 überschüssigen Pflänzchen (pro Sorte, versteht sich!) gab ich mit einem falschen Lächeln an andere Gartenfreunde weiter. Fingerhüte eroberten nun flugs auch andere Areale.

In den darauf folgenden ersten Wochen bereute ich die Vereinzelungstaktik, denn es sah schon sehr piepsig aus, wenn eine mikroskopisch kleine Pflanze, die ich mit Stricknadeln (jawohl!) aus der Saatkiste gefischt hatte, ihren überdimensioniert wirkenden Laufstall mit Erde erobern sollte. Doch als hätte Demeter, die große Göttin der Vegetation, einen Schalter umgelegt: Nach einem knappen Monat konnte ich zusehen, wie sich eine große, kraftvolle Laubrosette ausbreitete. Sehr bald überlappten die Blätter die Topfgrenzen und machten sich gegenseitig das Licht streitig. Um diesen Streit zu schlichten, und weil es auch nun schon Ende August war, setzte ich die Pflanzen vor eine Schatten spendende Brombeerhecke (eine dornenlose Sorte – ich musste nicht schimpfen …). Etwas später packte ich zwischen die Fingerhüte noch zwei Hundertschaften der sehr früh blühenden Narzisse 'Rip van Winkle', deren strubbelig gefüllte Blüten mich immer an seitlich abstehende Löwenzahne erinnern. So hätte ich einen quittengelben Frühlingseffekt und das vergehende Narzissenlaub würde von den austreibenden Fingerhutblättern dezent bedeckt werden.

Die Blüte der Fingerhüte im ausgehenden Mai fiel sensationell aus und hielt bis in den September hinein an. Diese Fingerhutgesellschaft hielt sich einige Jahre und verjüngte sich durch eigene Aussaat – genauso, wie ich es in Erinnerung hatte. Doch mit den Jahren wurden auch die Blüten der nachwachsenden Generationen immer wildhafter. Abhilfe schafft dann eine neue Aussaat, um die Farbenvielfalt und Blütengröße attraktiv zu halten. Fast immer verwende ich die etwas kompakter wachsende Sortengruppe 'Foxi'. Dieser genetische Jungbrunnen hat sich bewährt. Und meine Nachbarn stöhnen in den Aussaatjahren immer wieder, wenn ich mal eine Saatschale von Fingerhütchen anbiete, aber sie nehmen sie immer ...

DIE WINDSBRÄUTE:

Islandmohn

Wer im Frühling in einen schicken Blumenladen geht, wird sicher die riesigen Mohnblüten sehen, die – völlig unüblich für den Namen – in zarten Pastelltönen zwischen Apricot, Gelb, Creme, Lachs- und natürlich auch leuchtendem Orange prangen. Die Mitte der Blüten ist goldgelb und die Blütenblätter entfalten sich in einem lockerleichten Knitterlook wie „crushed silk". Wäre ich Modemacher, würden mich diese Blütentexturen mit Sicherheit inspirieren, allerdings bremst mich als Bügelhelden das Verlangen nach derartigen Hemden aus – wer will sich schon alle zwei Wochen mit solchen Stoffen herumplagen ...
Die sehr großen Blumen in der Floristik sind natürlich ein Ergebnis höchster Gärtnermeisterkunst. Das schmälert aber keineswegs den Vorteil, dass Islandmohn eine vorzügliche Gartenpflanze ist. Auch wenn die Blüten nicht ganz so imposant sind und auf kürzeren Stielen getragen werden als die Glashausschönheiten, kann sich diese Mohnart im Garten sehr wohl sehen lassen.
Ich selber habe das erste Mal mein Glück mit Islandmohn versucht, als ich mich bereits stramm auf die 40 zubewegte. Ich bestückte in der ersten Saison den damals neuen Garten im westfälischen Varensell. Bei leeren Gärten suche ich mein Heil immer in der Selbstaussaat von Stauden, Saisonblumen und Zweijährigen, wenn es darum geht, schnell Flächen zu füllen. Rosen, Gehölze und viele langlebige Stauden brauchen immer erst ein, zwei Jahre, ehe sie so richtig in Schwung kommen; und da ich nicht gerne Unkraut jäte, setze ich in die Lücken der frisch gesetzten Langstreckenpflanzen gern attraktive Lückenfüller. Da ich in jenem Frühling ausreichend Zeit hatte, säte ich bereits Mitte April den Islandmohn aus. Ich hatte mich in die halbhohe

Sortenmischung 'Champagne Bubbles' verguckt, denn hier zeigen sich die gleichen Pastelltöne in Schalenblüten, die fast so groß waren wie die im Blumengeschäft. Allerdings waren die Stiele kürzer und mit knapp Tischhöhe dadurch windverträglich. Mohnsamen ist sehr fein und ich hatte meine Mühe, sie mehr oder weniger einzeln auf den nassen, aufgequollenen Torfquelltöpfen zu platzieren. Irgendwie klebten sie aber fest und ich drückte sie nur leicht und vorsichtig an. Dabei musste ich aufpassen, den Samen nicht gleich wieder mit dem feuchten Finger aus dem Substrat herauszuholen. Sicher klingt das alles nicht besonders professionell – aber ich habe auch gar keinen Ehrgeiz, alles nach dem Lehrbuch zu machen. Ob das an meinem Spieltrieb liegt?

Es stellte sich heraus, dass der frühe Aussaattermin (empfohlen wird meist Mitte bis Ende Mai) nur ein einziges Risiko birgt, dafür aber reichlich Vorteile hat. Riskant ist es, die Gefäße im Freien aufzustellen, weil durch Kälte, Nässe oder gar Frost Keimung und Wachstum beeinträchtigt werden können. Ich besaß damals aber ein Regal aus Metall, das mit einer durchsichtigen Haube überzogen werden konnte. So verfügte ich über einen gewissen Gewächshaus- oder Frühbeeteffekt, der den Temperaturfall nachts abmilderte. Da jenes Frühjahr sowieso ein freundliches war, ging alles gut. Die Vorteile gerade beim Islandmohn zeigten sich aber sehr bald: Sie wuchsen prachtvoll heran. Ich setzte sie in kleine Tuffs zu zweit oder dritt in Töpfe mit der üblichen Blumenerde, sobald die ersten Würzelchen neugierig aus den Torfquelltöpfchen herauslugten – also rund sechs Wochen nach der Aussaat. Im Laufe des Hochsommers entwickelten sich perfekte, äußerst kräftige und stark bewurzelte Pflanzen – ich war immens stolz auf meine beiden Kisten mit jeweils 24 dieser Töpfe, aus denen die gesägten bis gebuchteten länglichen Blätter sprossen.

Es wurde September und die Pflanzzeit für Blumenzwiebeln brach heran. Ich wollte viele, viele Narzissen setzen und mache so etwas mit Vorliebe in der Mitte dieses Monats, da sich die Pflanzen dann optimal einwurzeln. Ein ganzes Beet sollte es werden. Dort standen bereits ein paar Rosen, Pfingstrosen, Taglilien, Schleierkraut und Bartiris – genau das richtige Terrain für Frühblüher. Alle noch verbleibenden Lücken wollte ich mit meinem Islandmohn de luxe füllen. Kaum zu glauben, dass ich wirklich alles unterbringen konnte. Meist habe ich ja zu viele Pflanzen in meiner Vermehrungsstation und suche immer Abnehmer – aber in diesem Falle passte es auf die Pflanze perfekt … und die gut 250 vergrabenen Narzissen sah ja eh niemand … erst einmal. Dafür aber bemerkte ich beim Einpflanzen des Mohns, dass die ersten Pflanzen bereits Knospen ausgebildet hatten. Oh je – ich hatte das ungute Gefühl, dass sie sich mit einer kleinen Vorblüte im Aussaatjahr erschöpfen und dann im Folgejahr nur so dahindümpeln würden. Dennoch brachte ich es nicht über mein Herz, die Knospen zu entfernen, und freute mich über das Preludium der Mohnblüten in meinem Garten, während die Winterastern blühten – ein sehr merkwürdiges Blumenteam.

Der Winter danach war ziemlich kalt, aber da der Boden dieses Gartens sehr durchlässig war, kamen kaum Pflanzen zu Schaden – schon gar nicht der Islandmohn. Meine Recherchen in der gartenruhigen Zeit zwischen der Christrosen- und der Schneeglöckchenblüte hatten nämlich ergeben, dass Islandmohn aus dem hohen Norden stammt und seinen Namen verdient. Seine Blütenschalen sind so raffiniert ausgebildet, dass sie wie Radarschüsseln sich immer nach der Sonne ausrichten. Die Blütenblätter reflektieren das Licht außerdem so in die Blüte hinein, dass es dort immer ein wenig wärmer ist als in der Umgebung – clever, denn früh fliegende Insekten suchen mit Sicherheit ein geheiztes Gasthaus lieber auf als ein zugiges. Die Pflanzen sind ebenfalls ziemlich winterhart; ich staunte, wie stark sie austrieben.

Und dann zeigte sich im Laufe des Frühlings eines der schönsten Gartenbilder, das ich je kreiert hatte – ohne es wirklich zu beabsichtigen. Von Anfang April bis Ende Mai blühte der Islandmohn aus dem Vollen gemeinsam mit den verschiedenen Narzissen. Sie lieferten Gelb- und Weißtöne und dufteten stark – ich hatte schließlich entsprechende Sorten gesetzt. Die Narzissen mit ihrer strengen, etwas statischen Wuchsform bildeten sozusagen den Rahmen. Die Mohnblumen standen auf ihren dünnen flexiblen Stielen über ihren niedrigen Blatthorsten. Sie leuchteten in soften Pastellfarben und intensivem Orange und brachten Abwechslung ins Beet. Am schönsten war es, wenn der Wind wehte. Die Narzissen blieben recht stabil und hielten gut stand – aber schon beim leisesten Lüftchen wiegten sich die Schalenblumen des Mohns im Wind. Gleichzeitig fächelte mir Zephyr den Duft der Narzissen in die Nase. In keinem Frühling vorher und nachher habe ich so oft im Frühling im Garten einfach nur gesessen und konnte mich einfach nicht mehr losreißen. Vorsicht also – diese Kombination macht alles andere vergessen!

DIE DUFTSTARKEN:

Landnelken

Bei wohl kaum einer anderen Blume werden die Moden und Vorlieben der Gärtner und Blumenfreunde so sichtbar wie bei den Nelken. Einst waren sie gefeierte Blumen, die das Leben vieler Generationen seit den Gründerjahren als edelster floraler Schmuck begleitet haben. Sie zählten zu den Stars in Floristikgeschäften bis in die 70er-Jahre hinein und bildeten dort das unverzichtbare Inventar neben Rosen und Chrysanthemen. Aber dann begann der Abstieg. Zuerst traf es nur die großblumigen Edelnelken, die immer weniger gekauft wurden. Eine Zeitlang wichen die Kunden auf die kleinblumigen Spray-Nelken aus. Doch diese verzögerten lediglich den Zeitpunkt, bis die Nelke in die Randbereiche des Sortiments verdrängt wurde. Die Tatsache, dass Nelken in der ehemaligen DDR zu den stets verfügbaren Blumen gehörten, trug dazu noch bei, denn nach dem Fall der Mauer bevorzugten die Blumenfreunde ganz klar die spannendere Vielfalt „neuer Blumen". Mittlerweile halten Nelken lediglich die Bastion der Trauerblume für Kränze ... wie die Chrysanthemen gelten sie nun als Friedhofsblumen. Und das ist so unfair!

Erklären kann ich mir zwar schon, dass man bei einer Dauerpräsenz, welcher Art auch immer, das Interesse an dem einstigen Objekt der Begierde verliert. Das betrifft Fernsehstars ebenso wie Lieblingsgerichte oder eben Blumenarten. Bei letzteren führen effizientere Kulturführungen stets zu einem Überangebot – das beste Beispiel sind die einst so kostbaren Phalaenopsis-Orchideen, die heute zu Schleuderpreisen verramscht werden (können). Dennoch scheint sich diese Orchidee nicht optisch abzunutzen ... gleiches gilt für Rosen, die seit eh und je

Antwort

JAN THORBECKE VERLAG
VERLAGSGRUPPE PATMOS

Senefelderstraße 12
D-73760 Ostfildern

Liebe Leserin, lieber Leser,

gerne informieren wir Sie künftig über unsere Neuerscheinungen. Teilen Sie uns mit, für welche Themen Sie sich interessieren und schicken einfach diese Karte zurück.
Wenn Sie außerdem unsere Fragen auf der Rückseite beantworten, helfen Sie uns, zukünftig genau die Bücher zu machen, die SIE interessieren!

Gerne revanchieren wir uns für Ihre Mühe:
Unter allen Einsendern verlosen wir monatlich Bücher aus unseren Progammmen im Wert von € 50,-

VORNAME / NAME

STRASSE / HAUSNUMMER

PLZ / ORT

E-MAIL

Bei Angabe Ihrer Mail-Adresse erhalten Sie rund 6 Mal jährlich unseren Newsletter, der Sie über die von uns genannten Themenbereiche informiert.

Ihre Meinung ist uns wichtig!

Diese Karte lag in dem Buch:

Ihre Meinung zu diesem Buch:

....
....
....
....

Wie sind Sie auf dieses Buch gestoßen?

○ Buchbesprechung in:
○ Anzeige in:
○ Verlagsprospekt
○ Entdeckung in der Buchhandlung
○ Internet
○ Empfehlung
○ Geschenk

Für welche Themen interessieren Sie sich?

○ Garten & Wohnen
○ Kochen & Genießen
○ Kalender & Geschenke
○ Kinder & Familie
○ Psychologie & Lebenshilfe
○ Spiritualität & Lebenskunst
○ Religion & Theologie
○ Geschichte/Geschichtswissenschaft
○ Landeskunde Südwestdeutschland

Fordern Sie unsere aktuellen Themenprospekte an:
bestellungen@verlagsgruppe-patmos.de
Fax +49.711.4406-177
Tel. +49.711.4406-194

Einen Überblick unseres **Gesamtprogramms** finden Sie unter
www.thorbecke.de sowie **www.verlagsgruppe-patmos.de**.

PATMOS
ESCHBACH
GRÜNEWALD
THORBECKE
SCHWABEN

Die Verlagsgruppe
mit Sinn für das Leben

massenweise produziert werden. Doch die Nelke hatte ein trauriges Schicksal. Ob es daran liegt, dass die verbliebenen Hochleistungssorten nicht mehr duften?
Schnittnelken habe ich in Erinnerung als die am stärksten duftenden Blumen, die in den Sträußen meiner Eltern, die auf dem Wohnzimmertisch standen, leuchteten. Nelkenduft gehörte zu den ersten Blumendüften, die ich kennengelernt habe und seit frühesten Tagen wiedererkenne. Noch heute bin ich enttäuscht, wenn ich an einer Nelke schnuppere, die keinen Wohlgeruch verströmt. Warum muss dem Kommerz eigentlich immer Charaktervolles geopfert werden? Will wirklich jemand duftlose Nelken haben?
Eigentlich ist es gar nicht verwunderlich, dass wir Nelken bereits von Anfang an in unserem Garten hatten. Sie hießen bei uns „Landnelken" und gehören der gleichen Pflanzenart an wie die großen Blumenstars vergangener Tage. Sie gleichen ihnen im Blütenaufbau vollkommen, wachsen aber niedriger und haben kleinere Blüten. In zwei Punkten aber übertreffen sie die Vasen-Königinnen bei Weitem: in ihrer Farbenvielfalt und ihrem Duft. Die Landnelken von damals, die wir übrigens bei der bereits öfters erwähnten Gärtnerei jedes Jahr als Pflanzen kauften, waren nämlich eine Sortenmischung eben mit jenem unschlagbaren Parfüm. Was damals weniger beliebt war (mich aber heute nicht mehr stört), war der Umstand, dass nicht alle Pflanzen gefüllte Blüten ausbilden; immer blühten einige von ihnen einfach. Dafür fanden sich aber sämtliche Rosa- und Rotnuancen; gelegentlich traten weiße, gemaserte, gerandete und sogar violette Blüten auf. Da unser Gartenboden durchlässig und sandig war und wir immer ein sonniges Plätzchen für die Nelken finden konnten, hatten wir keinen Mangel an diesen hübschen Gartenblumen.
Doch ein Paradies währt nicht ewig. Der von „Näglein besteckte" Garten Eden schloss erst einmal seine Pforten, als es in der Gärt-

nerei keine Pflanzen mehr zu kaufen gab. Dieser Posten wurde aus dem Sortiment genommen! Da aber jede Krise einen Schub zur Selbstständigkeit bietet, fasste ich mir ein Herz und begann selbst Nelken auszusäen. Landnelken wachsen zweijährig und diesen Rhythmus hatte ich schon beim Fingerhut kennengelernt. Die erste Nelkenaktion in meiner Jugend lief einigermaßen ermutigend und ich freute mich im Jahr nach der Aussaat auf die duftende Farbenvielfalt. Aber ... sie dufteten längst nicht so betörend wie gewohnt. Was war los? Hatte ich einen Fehler gemacht, den die Nelken mit dem Verweigern ihres schönsten Schmucks bestraften? Eigentlich nicht. Ich begriff widerwillig, dass es genauso wie bei den Schnittblumen auch bei Gartennelken Sortenunterschiede hinsichtlich der Duftstärke gibt. Hätte ich das bloß vorher gewusst! Da aber die Kataloglyrik auch bei Saatgutherstellern Nachteile von Pflanzen eher verschleiert als offenbart, kaufe ich nur noch Nelkensamen, deren Sorten bei der Beschreibung ausdrücklich als stark duftend gepriesen werden. Es macht mir dabei gar nichts aus, wenn dabei aus dem Farbenspektrum Tönungen wie Orange, Gelb oder Violett weitgehend herausfallen; es gibt andere Blumen in solchen Farben, aber andere Blumen duften nicht so gut ... Man(n) muss eben Prioritäten setzen. Erstaunt stellte ich aber in meinen unterschiedlichen Gärten fest, dass der ostwestfälische Karnickelsand es mir leicht gemacht hatte, die ersten Erfahrungen mit Nelken zu sammeln, denn sie reagieren sehr empfindlich auf schwere, feste Böden. Dort werden sie leicht krank und vernässen mit allergrößter Wahrscheinlichkeit im Winter so stark, dass kaum Pflanzen die sonnenarme Jahreszeit überstehen. Doch als Ritter seiner Nelkendulcinea gab ich den Kampf gegen Windmühlen nicht auf und bereitete meinen Duftblumen in Lehmböden gern ein durchlässiges Beet, indem ich dort viel Sand einarbeitete. Einen derartigen Aufwand betreibe ich als geborener Gärtner-Faulpelz übrigens höchst selten. Dafür bereite ich mir das Gartenerlebnis der Extraklasse – immerhin blühen Landnelken vom Frühsommer bis weit in den Hochsommer. Liebe geht eben nicht nur durch den Magen, sondern auch durch die Nase.

Düfte der Kindheit und Jugend scheinen uns zu prägen und ihre Verknüpfung mit unbeschwerten Zeiten und schönen Erinnerungen machen sie zu etwas ganz Besonderem. Deshalb lieben viele von uns – zumindest aus meiner Generation – den Duft frisch gebackenen Brotes, sommerwarm gepflückter Erdbeeren oder gerade gemähter Wiesen besonders, weil wir etwas Angenehmes damit verbinden. Mein persönliches Problem ist freilich, dass es mein allererstes Aftershave heute nicht mehr gibt – was würde ich dafür geben, noch einmal eine Flasche von „Sandalwood" von Elizabeth Arden irgendwo zu ergattern. Aber das gehört vielleicht zu den Jugenderinnerungen, die nicht mehr wiederholt werden sollen … Da habe ich bei Blumendüften bessere Chancen – zumindest, solange es noch Saatgut duftender Landnelken gibt.

DIE TÄNZERINNEN:
Wicken

Warum um alles in der Welt sind Wicken eigentlich ins gärtnerische Hintertreffen geraten? Ich sehe sie immer seltener in Gärten – zumindest hierzulande – und das, obwohl diese duftenden Sommerblumen längst nicht nur in einer langweiligen Farbmischung in Samentütenform angeboten werden, sondern auch in äußerst attraktiven Einzelfarben-Sortierungen. In England etwa sieht das ganz anders aus: Hier ist das Sortiment noch bedeutend größer und man schenkt der Wicke allgemein mehr Beachtung.

Ich selbst habe diese lockeren, hübschen Blumen während meiner Kindheit und Jugend allerdings ebenfalls nur in fremden Gärten finden können. Überall, wo sich die Hobbygärtner auf die hohe Kunst des Selbersäens verstanden, traf man Wicken auch an. Als vorgezogene Sommerblumen fand man sie nie. Mein Problem als Gartennovize war aber, dass ich sehr ungeschickt und unwissend mit dem sporadisch gekauften Saatgut umging. Offen gestanden blieb das Meiste davon in den Schubladen liegen, bis es seine Keimkraft verloren hatte – auch heute noch kaufe ich grundsätzlich mehr Saatgut, als ich tatsächlich aussäe. Der Grund ist einfach: Saatguttüten sind Träumewecker! Sie kosten nicht viel und verheißen das kleine blumige Paradies – allerdings kann man diesen Garten Eden nur dann betreten, wenn man ein klein wenig daran arbeitet.

Damals lag es an meiner Unerfahrenheit hinsichtlich der Pflanzenanzucht. Ich hatte einfach nur mal hier und da den Inhalt der Tütchen im westfälischen Sand verstreut und wunderte mich lediglich über den sehr spärlichen Erfolg. Das änderte sich gravierend, als ich in meinen frühen goldenen Zwanzigerjahren vor dem Studium ein gärtnerisches Praktikum in der ortsansässigen Gärtnerei Grothues, bei der wir bislang die Pflanzen kauften, absolvierte. Meine Eltern und das Gärtnerehepaar waren Nachbarn und kannten sich von den ortsüblichen Festivitäten – allen voran das Schützenfest – recht gut. Und so war es schnell ausgemacht, dass der pflanzenverrückte Studienaspirant vor Ort das edle Handwerk des Gärtnerns erlernen solle – im Schnelldurchlauf, versteht sich. Dieses Jahr war bei Weitem das Wertvollste hinsichtlich meiner gärtnerischen Ausbildung. Ich hatte das Glück, noch eine Vielzahl von Kulturen selbst mitbetreuen zu können, die heute nur noch in Pflanzenfabriken der Großkonzerne zu finden sind. Unter anderem erfuhr ich, wie ausgesät wurde, dass eine Vorkultur vieler Pflanzen unter Glas entscheidende zeitliche Vorsprünge schafft und dass „pikiert sein" nicht nur die folgerichtige Reaktion auf eine Beleidigung ist, sondern eigentlich heißt, dass junge Sämlinge etwas weiter auseinandergesetzt werden und gern auch ihren ersten eigenen Topf bekommen. Ein schönes Bild, nicht wahr? Wir setzen uns ja auch ab, wenn wir einmal pikiert sind ...

Zu den ersten Pflanzen, die ich mit meinem neu erworbenen Wissen selbst aussäte, gehörten Wicken. Ich durfte im großen Gewächshaus einige Kisten mit meinen kleinen Experimenten aufstellen. Die Gärtnereileitung lag in den Händen des Junior-Chefs, der noch keine dreißig Lenze zählte, und seiner Verlobten, die in der Schule einst meine Parallelklasse besuchte, und man war mir allgemein wohlgesonnen. Mein erstes Experiment mit Wicken aber ging schief. Ich verpasste nämlich den Zeitpunkt des Pikierens und rechnete nicht damit, dass sie so rapide heranwuchsen. Sehr schnell war die Saatkiste ein unentwirrbares Tohuwabohu ineinander verschlungener Ranken der vitalen kleinen Kletterer. Peinlich berührt verwarf ich diese erste Wickenkiste – und hatte dann immer noch reichlich Pflanzennachwuchs anderer Gattungen.

Ein paar Jahre später, es war der Filderstädter Garten, brach eine neue Wickenphase an. Es war wie immer, wenn ich mich nicht entscheiden konnte, welche Sorte von irgendeiner Pflanze ich mir zulegen wollte – in solchen gar nicht einmal seltenen Fällen nehme ich alle. So stapelten sich wieder einmal Saatguttütchen in der Küchenschublade. Alle erstandenen Wicken waren hochwüchsig (den kleinen, kompakt wachsenden Züchtungen konnte ich noch nie etwas abgewinnen) in den Farben Schwarzblau, leuchtend Rot, Cremeweiß mit zarter roter Strichelung, Lavendellila, leichtes Lachsrosa ... und alle, wie es sich gehört, mit satinartig schimmernden, duftenden großen Blüten. Den stärksten Duft sollte aber die uralte Sorte 'Cupani' mit rot-blauen Blüten haben – das musste ich unbedingt selbst nachprüfen. Anders als auf dem Saatgutpäckchen angegeben, habe ich in meinem Leben noch nie Wicken an Ort und Stelle ausgesät. Um ein Durcheinander aus untrennbar verschlungenen Ranken zu vermeiden, säte ich die relativ großen Körner Anfang April einzeln in kleine Töpfe. Sowie sich die Keimlinge zeigten, fügte ich festen Steckdraht in die Erde und band die rasch wachsenden Ranken sofort mit kleinen Drahtringen (so genannten „Nelkenringen", die ich immer im Arsenal habe) daran fest. Fast jeden Tag musste ich verhindern, dass ein vorwitziges Pflänzchen einen Nachbardraht umarmte, und dafür sorgen, dass es artig bei der eigenen Ministange blieb. Nach wenigen Wochen hatte ich kräftige Jungpflanzen und das Timing war so gut, dass sie den Topf komplett durchwurzelt hatten und direkt an dem für sie vorgesehenen Staketenzaun landen konnten. Beim Auspflanzen erwies sich die Verwendung von Draht –

eigentlich eine Verlegenheitslösung, denn ich hatte keine hölzernen Schaschlikspieße im Haus – als Geniestreich. Den Draht konnte ich biegen und so die jungen Pflanzen genau dorthin leiten, wo sie wachsen sollten. So bewahrheitete sich ein Spruch aus meinem Praktikum: „Weiß der Gärtner keinen anderen Rat, nimmt er Draht".

Dieser erste Wickensatz wurde ein voller Erfolg, denn der ganze Zaun war einen Sommer lang mit den schönsten Blüten garniert. Der Blühfleiß der Wicken aber nötigt auch dem Gärtner steten Einsatz ab. Wie viele andere Schmetterlingsgewächse – beispielsweise Bohnen und Erbsen – bilden auch Wicken sehr rasch Früchte. Was im Gemüsegarten ein Vorteil ist, kann im Ziergarten allerdings die Freude trüben, denn sowie die Pflanzen ihre Kraft in die Reifung der jungen Samenansätze stecken, verliert der Blütenreigen an Fahrt. Knospen öffnen sich nur zögerlich und die Pflanze schläft ein. Bei Wicken ist das besonders extrem. Doch der gewitzte Gärtner weiß ja Rat und schneidet im Drei-Tages-Rhythmus nicht nur Verblühtes aus, sondern auch reichlich Blüten für die Vase. So umspielten die Blüten nicht nur die Begrenzung zum Nachbargrundstück, sondern schmückten auch monatelang in nicht allzu hohen Vasen den Schreibtisch, den Küchentisch, den Couchtisch, das stille Örtchen oder das Nachtschränkchen. Der feine, milde Duft rundete die lockerleichte Vorstellung kongenial ab. Bei der Auswahl der Sorten hatte ich streng darauf geachtet, nur duftende Sorten zu ergattern, denn leider nicht alle Züchtungen bringen das typische Parfüm mit – und das wäre ja nur der halbe Spaß.

Seit diesem Sommer haben es Wicken mir sehr angetan und sie tänzeln fast jedes Jahr auf meinen Balkonen oder an Gartenzäunen. Selbst mein langweiliger Maschendrahtzaun im Schrebergarten blüht buchstäblich auf mit dieser hübschen Garnitur – und an Schnittblumen herrscht dann wahrlich kein Mangel.

DIE FILIGRANHARTEN:
Schmuckkörbchen

Im westfälischen Harsewinkel meiner Jugend war es sehr traditionell. Ein Kino gab es nicht, das öffentlich-rechtliche Fernsehen fing erst am Nachmittag an und der gesellschaftliche Höhepunkt war das alljährliche Schützenfest. Es fand übrigens immer irgendwie zu meinem Geburtstag statt – das erste Wochenende im Juli war es stets soweit. Auch in Gartenangelegenheiten, besonders hinsichtlich der Pflanzenauswahl und -anordnung, hielt man sich an Althergebrachtes. Alle, die im ortsansässigen Gartenbauverein auch nur den Hauch einer Chance auf Anerkennung haben wollten, legten ihre Vorgärten in einer Art Kurparkmanier an. Vor allem die Saisonpflanzen, die verwendet wurden, ähnelten stark den bunten, nicht einmal kniehohen Teppichbeeten öffentlicher Anlagen. Leuchtende Farben waren bevorzugt: Rosa Eisbegonien, blauer Leberbalsam, orangerote Pelargonien sorgten für effektvolle Farbkarambolagen. Die Kombination goldgelber Tagetes mit tomatenroten Salvien ist mir besonders lebhaft in Erinnerung, weil ein Nachbar von Gegenüber hingebungsvoll jedes Jahr sein Entree damit bestückte. Natürlich mit viel Erde dazwischen; das galt als ordentlich. Die Nachfrage nach solchen Pflanzen führte dazu, dass die Gärtnereien auch jene Pflanzen anboten. Lange Zeit wusste ich gar nicht, dass es auch noch andere Sommerblumen gab – von Zinnien, Löwenmaul und Sommerastern mal abgesehen, die uns als Schnittblumendreiklang im eigenen Garten erfreuten, mit denen wir aber nicht so trennscharf farbsortierte Beete anlegen konnten, denn diese Pflanzen gab es nur als Jungpflanzen-Mischung zu kaufen.
Da wie beschrieben die Belustigungsangebote in Zeiten jenseits des Computers und Smartphones deutlich spärlicher ausfielen,

radelte ich oft mit dem Drahtesel durch die Siedlung auf der Suche nach Freunden, die ebenso gelangweilt wie ich darauf warteten, zu zweit oder in einer Gruppe etwas anzustellen. Regelmäßig kam ich an dem Garten des Lehrerehepaars Brinkmann vorbei – beide waren wirklich nette Leute. Frau Brinkmann sollte mir mal Klavierstunden geben, was sich aber zerschlagen hatte. Der Brinkmannsche Vorgarten sah ganz anders aus als die Kurgartenidyllen sonst. Irgendwie wildromantisch und auf eine legere Weise ziemlich durcheinander. Ich staunte nicht schlecht, denn im Hochsommer blühten auf über Meterhöhe zwischen den vielen anderen sommerlieblichen Blumen Anemonen. Das dachte ich jedenfalls … Die Pflanzen standen aufrecht und waren recht stark verzweigt, ihr Laub war sehr fein zerteilt und die großen Blütenschalen leuchteten in Pink, Rosa, Purpur und Weiß. So etwas hatte ich noch nie gesehen. Ich erzählte meiner Mutter davon und bat sie, sich diese neumodischen Blumen doch einmal anzusehen. Bei der nächsten Gelegenheit tat sie das sogar – allerdings kannte sie diese Zauberblumen ebenfalls nicht beim Namen. Sie war aber sicher, dass es sich nicht um Anemonen handelte. Es waren natürlich gerade Sommerferien und Brinkmanns waren, wie es sich für Lehrer gehört, im Urlaub. Ich konnte sie also nicht fragen. Mein Ehrgeiz nagte an mir wie eine Wühlmaus an einem frisch gesetzten, ungeschützten Apfelbaum. Zuerst blätterte ich in meinem Staudenbuch – Fehlanzeige. Dann aber fiel mir ein älterer bebilderter Saatgutkatalog in die Hände und ich kam den Zartschönen auf die Schliche: Es mussten Kosmeen sein. Schon allein der Name … Diese Blumen wollte ich natürlich unbedingt selbst auch haben. Mir war aber klar, dass ich sie aussäen musste und dass die Zeit dafür längst verstrichen war. Doch das war mir egal. Bei der nächsten Gelegenheit, als ich in der Kreisstadt Gütersloh war, lief ich schnurstracks in das Saatguthaus (ja, sowas gab es damals noch … wo sind diese Geschäfte heute nur geblieben?) und ergatterte noch einen Restposten von *Cosmos bipinnatus* – eine Prachtmischung. Ich war so glücklich, diese Tüte voller Blumenträume nun zu besitzen.

Der Herbst kam, der Winter, der Frühling und ... ich hatte die Kosmeen vergessen. Sie schlummerten in einer Schublade zwischen Malutensilien und Krimskrams. Ich wandte mich anderen Dingen zu und versuchte mich als Laienschauspieler, Volleyball-Stellspieler, Amnesty-International-Aktivist und Chorknabe. Für die Anzucht von Sommerblumen war mein Prä-Abitur-Dasein zu unstet. Doch es kehrte natürlich eine ruhigere Lebensphase ein, als ich mein gärtnerisches Praktikum machte und in dem Gewächshaus meines Lehrbetriebs eigene Pflanzen anziehen durfte. Nicht alles glückte damals – aber die Kosmeen, die mir wieder schlagartig in den Kopf kamen, waren ein Volltreffer. Ich wusste noch gar nicht, wie schnell sie wachsen, und hatte sie recht zeitig im März gemeinsam mit Zinnien und Reseda unter Glas ausgesät. Kosmeen keimen wirklich sehr zügig – meist schauen die ersten von ihnen bereits eine Woche nach der Aussaat über die Erd- und Topfkante. Die idealen Bedingungen eines nicht allzu warmen, hellen Gewächshauses und meine aufmerksame Kontrolle der Saatgefäße trugen dazu bei, dass der Keimung ein sehr kräftiges Wachstum folgte. Nach etwa drei Wochen herrschte in der Saatkiste drangvolle Enge und ich fischte ein paar Töpfe aus dem Topflager, um meine Blumen einzeln in Gefäßen mit guter Gärtnererde zu kultivieren. Die Kosmeen fanden das großartig und legten nun erst recht los. Ich kam mir vor wie ein junger Vegetationsgott und merkte das erste Mal in meinem Leben, wie viel Spaß es machen kann, Saisonblumen selbst heranzuziehen. Es ist, als ob man zaubern würde: Das Zauberpulver ist das Saatgut, der Zauberstab ist das Pikierholz und wenn man „Simsalabim" beim Gießen sagt, kommen die Pflanzen hervor ... herzlose Skeptiker behaupten, es gehe auch ohne solche Sprüche. Sei es, wie es sei – mit den Kosmeen schindete ich beim Gärtnerei-Team echten Eindruck. Vielleicht war ihnen diese Pflanze ebenfalls nicht so geläufig? Ich begrenzte meine Topfkosmeengesellschaft auf die bescheidene Zahl von 40 Stück und verschenkte den Rest. Nach den Eisheiligen – meine Mutter Evelin hieß mit viertem Vornamen Sophie und bestand stets darauf, dass die „Kalte Sophie" am 15. Mai abgewartet würde, ehe Sommerblumen gesetzt würden – pflanzte ich perfekt bewurzelte Kosmeen in den Garten. Und das viel zu dicht. Auch wenn unser grünes Paradies damals beträchtliche Ausmaße hatte, reichte der Platz nicht und wieder unterschätzte ich die Kosmeen, denn sie werden gut und gerne 50 Zentimeter breit und 150 Zentimeter hoch. In diesem Sommer hatten wir diese filigranen Blumen im Überfluss und bestückten unsere Vasenkollektion reichlich mit ihnen, denn trotz ihrer Zartheit entpuppten sie sich als haltbare Schnittblumen. Erst der Frost machte diesem Blütenreigen ein Ende.

Seit diesem Sommer nimmt die Kosmee (mir ist das Wort „Schmuckkörbchen" nicht klangvoll genug) einen Spitzenplatz beim Anziehen der Sommerblumen ein. Ich will gar keinen Garten ohne sie haben und jetzt, wo ich weiß, welche Wuchsdimensionen diese Pflanzen haben, kann ich sie auch besser einsetzen. Seit einigen Jahren scheinen sie auch in Mode gekommen zu sein. Ob eine Pflanze allseits beliebt wird, erkennt man leicht an der Zunahme der erhältlichen Sorten bei Saatgutanbietern. So finden sich gerade mal 60 Zentimeter hoch wachsende Züchtungen für den Balkon ebenso wie locker oder dicht gefüllte oder solche mit tütenartig eingedrehten Kronblättern. Mir ist aber die ursprüngliche Blüten- und Wuchsform nach wie vor am liebsten. Dieses Jahr ist eine weiß blühende, rosarot gerandete Sorte namens 'Candy Stripe' in Töpfe ausgesät und die Pflänzchen lugen bereits aus der Erde. Sie werden auf filigrane Weise meine softfarbenen Englischen Rosen zum Gemüsebeet hin abschirmen. Natürlich hat das auch alles andere als Kurpark-Charakter. Aber ich suche meine Erholung eben durchaus auf unkonventionelle Weise. Na, und Frau Brinkmann hat mir zwar nicht das Klavierspielen beigebracht, mich dafür aber mit den Kosmeen bekannt gemacht – ich danke ihr sehr dafür!

DIE MUNTERMACHER:
Stiefmütterchen

Mit Stiefmütterchen ist das ja so eine Sache. Auf der einen Seite ist kaum eine Pflanze so einfach als Farbtupfer im Herbst und Frühling einsetzbar, steht in einer derart reichen Farbauswahl zur Verfügung, ist dermaßen preisgünstig als fertige Pflanze und gebärdet sich so unkompliziert wie das „Jesetsche" (=„Gesichtchen", wie es im Rheinischen noch gelegentlich genannt wird.).
Auf der anderen Seite sind Stiefmütterchen so allgegenwärtig in öffentlichen Anlagen, auf Friedhöfen und in Vorgärten, dass sie für viele Zeitgenossen schon zum Inbegriff der Langeweile, des Spießertums und der Einfallslosigkeit geworden sind. Erinnere ich mich an meine Einsätze als Verkäufer in Gartencentern, denke ich an viele Kunden, die bei der Beratung sagten: „Alles, nur keine Stiefmütterchen." Eigentlich schade …
Am Anfang meiner Gartenkarriere standen meine Mutter und ich so manches Mal vor der Aufgabe, zu Ostern den Garten „schön" zu machen. Je nachdem, was bereits blühte, entschieden wir, welche, wo und wie viele Stiefmütterchen wir einfügen wollten, um unsere Sehnsucht nach Farbe zu stillen. Hiermit oute ich mich ganz klar: Ich mochte sie immer – und gehöre bis heute nicht zu den Stiefmütterchen-Hassern. Allerdings distanziere ich mich von den monströsen Rüschenblüten und den übergroßen, flatschigen Blumengesichtern. In meiner romantisierenden Idealvorstellung eines vollendeten Stiefmütterchens kommt mir eine Mischung von Sorten in den Sinn, die Farbverläufe von Braunrot, Gelb, Zartlila oder Purpur aufweisen. Jede Blüte zeigte sich ein wenig anders und ich freue mich an der Erinnerung, wie passgenau wir

sie seinerzeit zu den entsprechenden Tulpen, Narzissen, Goldlackpflanzen und Hyazinthen gesetzt haben.

Mit der Zeit allerdings traten die „reinen" Farben einen Siegeszug an. Die Stiefmütterchen wurden immer seltener in Mischungen angeboten, bei denen die hübschen Individualisten auftraten. Immer mehr Gärtnereien boten streng voneinander getrennte, uniforme Farbenträger an. Ich konnte sehr bald keine weiß, gelb, apfelsinenfarben oder blau mit weißer Fahne blühenden Stiefies mehr sehen. Irgendwann waren die von mir so geliebten variierenden Sortenmixe aus den Präsentationen der blühenden Saisonpflanzen vollends verschwunden. Ich griff also zur Samentüte. Meine allerersten Versuche scheiterten jedoch kläglich. Ich dachte nämlich, man könne Stiefmütterchen genauso leicht heranziehen wie etwa Kapuzinerkresse – so nach dem Motto: Tüte auf, ab in den Freilandboden und abwarten. Bei dieser Methode sind die Erfolge weniger als bescheiden. Erst nach meinem gärtnerischen Praktikum in meiner Heimatstadt wusste ich, dass die bunten Muntermacher zwar im Frühsommer gesät werden, aber keine hohen Temperaturen beim Keimvorgang vertragen. Ich besann mich auf einen alten Gärtnertrick und bedeckte die Schalen, in denen ich den Samen Ende Mai ausgebracht und schattig aufgestellt hatte, mit einem nassen Kartoffelsack; es funktioniert aber auch mit einem ausrangierten Handtuch. Im warmen Wetter verdunstet das Wasser aus dem Gewebe und kühlt die Luft. Ich musste nur darauf achten, dass während des Keimvorgangs, der sich etwa 14 bis 20 Tage hinzieht, die Bedeckung nie ganz austrocknet. Und so zog ich jeden Morgen und Abend das Textil durch die Regentonne und brachte es stets frischfeucht wieder auf. Siehe da – die Saat ging auf. Nun galt es, die Pflanzen, sowie sie zwei arttypische Blätter ausgebildet hatten, in kleine Töpfe zu pikieren und in den Halbschatten zu stellen. Austrocknen durften sie natürlich auch nicht. Im Spätsommer hatten sich dann prächtige

Pflanzen aufgebaut; der frühe Aussaattermin war also ein Glücksgriff gewesen. Meist steht nämlich auf den Saatgutpäckchen, dass Stiefmütterchen, wie alle anderen zweijährig wachsenden Pflanzen auch, zwischen Mai und Anfang Juli ausgesät werden können. Aber je früher, desto besser, lautet die Devise, denn umso mehr haben die Pflanzen Zeit, kraftvoll heranzuwachsen.

Beflügelt durch die vielen Pflanzen, die sowohl im Herbst als auch im darauf folgenden Frühling für Farbe sorgten, wurde ich neugierig auf Stiefmütterchensorten, die es zwar als Saatgut gab, aber nicht als fertige Pflanze. Bei englischen Saatgutanbietern vergingen mir angesichts des immensen Angebots ungewöhnlicher Züchtungen geradezu Hören und Sehen und ich bestellte dort, als gelte es, einen ganzen Acker mit diesen Blumen zu behübschen. Doch trotz aller neu gewonnenen Professionalität in Sachen Stiefmütterchenaussaat musste ich feststellen, dass leider viele meiner heiß begehrten Favoriten nicht das hielten, was die Packung versprach. Sie wuchsen nicht besonders vital, winterten leider in großen Partien aus und manchmal stimmte nicht einmal die Sorte, die auf der Packung abgebildet war, mit den blühenden Ergebnissen überein. Eine Zeitlang probierte ich es jedes Jahr neue Sorten aus. Die guten Wachser bei den Pansies (so heißen Stiefmütterchen in England) wurden grundsätzlich von deutschen Anbietern verkauft und waren mir zu langweilig. Viele spannende Formen aus dem Eldorado der Hobby-Gartenkunst kamen nicht klar mit dem kontinentalen Klima, so mein subjektives Fazit. Ich gab vorerst auf und wandte mich den staudig wachsenden echten Hornveilchen (bitte nicht verwechseln mit den kleinblumigen Stiefmütterchen, die fälschlicherweise auch als Hornveilchen in Gartencentern und Baumärkten en masse angeboten werden) zu, von denen es langlebige, ausgesprochen hübsche Sorten in den Staudengärtnereien gibt.

Doch so ganz ließen mich die Stiefmütterchen nicht los und in den letzten Jahren flammte meine

Leidenschaft für sie wieder auf. Gegenwärtig experimentiere ich mit Sorten, die zuverlässig den Winter überstehen, denn da gibt es einige Sortenunterschiede. Dann brauche ich mich nur noch zurückzulehnen, den Winter zu überleben, im Frühling zeitig in den Beeten Unkraut zu entfernen und alles einfach wachsen zu lassen. Faule Gärtner planen rechtzeitig ...

DIE LECKEREN:

Kapuzinerkresse

In alten Gartenbüchern fand sich bei der Beschreibung von Blütenfarben immer wieder mal der Begriff „Nasturtiumorange". Wie immer, wenn ich den gesamten Zusammenhang eines Textes begriffen hatte, ignorierte ich als Teenager beim Lesen auch diese verbalen Irritationen, denn die ungestüme Jugend will rasch eine Story erfassen und hält sich nicht mit derartigen Details auf. Der Wortteil „orange" passte zu den bebilderten Pflanzen und ich hatte ausreichend Fantasie, mir diese Farbe als besonders leuchtend vorzustellen.

In späteren Jahren allerdings fand ich immer mehr Gefallen an einzelnen Wörtern und wollte ihren Bedeutungen auf den Grund gehen. Zunächst einmal schlug ich die Querverbindung von Nasturtium in einem botanischen Nachschlagewerk nach. Hier fand ich tatsächlich einen Eintrag, der allerdings mit Nasturtium den botanischen Namen der echten Brunnenkresse auswies. Bei diesem Gewächs handelt es sich zwar um ein sehr leckeres Küchenkraut, das zeitweise in klarem, leicht fließendem Wasser kultiviert werden muss – aber die erwartete orangene Farbe hat diese Pflanze nicht. Ich war ratlos. Dann hatte ich die Eingebung, einmal in einem Englisch-Dictionary nachzusehen. England ist schließlich das Mutterland des europäischen Gärtnerns und es wäre nicht das erste Mal, dass sich eine gärtnerische Vokabel aus dem Land von Gertrude Jeckyll und Beverley Nichols herleitet. Volltreffer! Nasturtium ist die Bezeichnung der guten alten Kapuzinerkresse.

Aber gerade die kannte ich auch im fortgeschrittenen Alter von Mitte zwanzig noch überhaupt nicht. Mir war das fast ein wenig peinlich, denn die Kapuzinerkresse scheint eine wirklich sehr

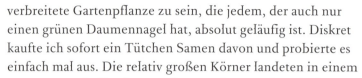

verbreitete Gartenpflanze zu sein, die jedem, der auch nur einen grünen Daumennagel hat, absolut geläufig ist. Diskret kaufte ich sofort ein Tütchen Samen davon und probierte es einfach mal aus. Die relativ großen Körner landeten in einem Balkonkasten, der von einer großen Linde beschattet war; es handelte sich um mein Domizil in Hannover unweit der Lister Meile. Die Kapuzis keimten sehr rasch und es wuchsen schnell lange Ranken heran mit gestielten, nahezu runden Blättern. Die Blüten allerdings ließen sich inmitten und unterhalb des Laubes blicken. Das gefiel mir nicht und ich vermutete, dass ich eine Mischung einer alten Sortengruppe gefunden hatte. Mein Ehrgeiz war aber geweckt.

Ich machte mich – noch war das Internet wenig verbreitet – auf die Suche nach anderen Kapuzinerkresse-Typen. Vielleicht solchen mit gefüllten Blüten und auf jeden Fall solchen, deren Blüten über den Blättern erscheinen. Dieses Vorhaben trieb mich in die Arme englischer Saatgutanbieter. Zwar hatte ich bei einem von ihnen im Zuge der Stiefmütterchenaktion nicht allzu gute Erfahrungen gemacht, aber vielleicht waren die Kapuzinerkressen dankbarer. Ich war entzückt, als ich dabei auch noch eine cremefarben blühende Sorte namens 'Milkmaid' entdeckte, wenn ich auch nach wie vor die intensiven Farben steht im Garten habe. Am liebsten kombiniere ich sie mit Strauchrosen. Tatsächlich funktioniert diese Pflanze bestens und gehört seit jeher zu meinen Must-haves, wenn ich überlege, welche Saisonblumen jedes Jahr ausgesät werden sollen. Am liebsten kombiniere ich diesen zarten Farbton zwischen Weiß und Gelb zu rosafarbenen Strauchrosen. Kapuzinerkressen lassen sich sehr leicht im Frühling heranziehen – auch jemand, der nicht wie ich zuerst alle Samen in kleinen Töpfchen platziert und zu Jungpflanzen anzieht, wird mit ihnen erfolgreich sein. Direkt ins Freiland ausgebracht und vor Schnecken geschützt gelten sie sozusagen als Selbstläufer. Frühe Aussaaten widerstehen sogar kühlen Temperaturen. Man sollte sich aber klar machen, dass schon eine Pflanze eine beträchtliche Wuchskraft an den Tag legt. 30 x 30 cm und sicher noch mehr belegt sie gern im Laufe weniger Wochen. Ich hatte einmal eine Beetplanungsrechnung ohne diese Wuchswunder gemacht und im Hochsommer große Mühe, die frisch gesetzten Rosen (Sorte 'Gateway') vor dem Überwachsen zu bewahren. Genauso bekannt wie für ihr unkompliziertes Wachstum ist die Kapuzinerkresse auch für ihren Geschmack. Es ist immer wieder ein heimliches Ergötzen für mich, wenn ich Besuchern in meinem Garten Blüten zu essen gebe. Meist müssen sich die Gäste, die solches noch nie gewagt haben, zuerst überwinden. Allgemein scheint der Gedanke zu herrschen, dass Blüten giftig oder zumindest ungenießbar seien. Meist beginnt das hochsommerliche Blumenbüffet mit einigen Nelken und Taglilien; hier und da auch mal einer Phloxblüte als süßem Test. Sind die Herr- und Damschaften dann erst einmal auf den Geschmack gekommen, reiche ich die Kapuzinerkresse mit einer entsprechenden Warnung. Schließlich sind die Blüten ziemlich scharf und enthalten reichlich Senföle, die übrigens unserem Verdauungstrakt sehr gut tun. Meist pflücken wir nach der ersten Verkostung noch etliche Kapuzinerkresseblüten ab, um den Salat, der am Sommerabend zum Grillgut gereicht werden soll, etwas aufzupeppen. Ich habe auch gelesen, dass man ihre Knospen in Essig und Öl einlegen kann und als Kapernersatz verwendet. Da ich aber nicht einmal Königsberger Klopse mit Kapern mag, habe ich das noch nie ausprobiert. Mir reichen die Geschmackserlebnisse, ob sie nun vom Gaumen oder vom Auge herrühren, völlig aus. Ganz egal, ob die Pflanzen orange, gelb, dunkelrot, cremefarben oder rosa blühen – sie schmecken alle.

DIE NACHTDUFTER:

Waldtabak

An dieser Stelle komme ich nicht umhin, mich schuldig zu bekennen ... als Raucher. Ob Sie es glauben oder nicht: Ich begann mit diesem Laster im zarten Alter von 47 Jahren und lasse seitdem nicht mehr von meinen Zigarillos. Ich verstehe es selbst nicht, aber ich mag sie nun mal so gerne, dass ich Entwöhnungsanläufe nur halbherzig vornehme. Natürlich rede ich mir das alles schön und behaupte mit der Überzeugungskraft eines Gartenbau-Ingenieurs, dass ich durch den Rauch im Garten Schädlinge von den Pflanzen fernhalte. Immerhin ist Nikotin für die Tabakpflanze ja ein echter Schutz vor etlichen Fraßfeinden. Ich sollte vielleicht mal die Zigarillostummel in die Gänge der Wühlmäuse buddeln, um sie zu ärgern ... Das beweist wieder einmal, dass ich ein echter Spätzünder bin. Im Falle des Rauchens ist das ja nicht einmal schlimm – immerhin habe ich meine Lungen ziemlich lange schonen können. Aber bei den Pflanzenentdeckungen tut es mir denn doch so manches Mal ein wenig leid. Auch mit der nun als letztes von den Saisonblumen vorgestellten Art hätte ich bei einer früheren Bekanntschaft mit ihr mit Sicherheit viel öfter Freude gehabt. Die Rede ist vom Ziertabak.
Seit einigen Jahren ist Ziertabak eine Pflanze, die Sommerblumengärtner für sich entdeckt haben. Allerdings sind die handelsüblichen Pflanzen doch eher etwas für Balkonkästen und kleine Beete. Sie bilden nämlich ihre gestielten Blüten auf rund 20 bis 40 Zentimetern Höhe. Sehr reizvoll sind ihre Blütenfarben – am besten gefallen mir granatrote und zartgrüne Spielarten. Doch ich las in meinen schlauen Büchern immer von dem intensiven Duft, der von Ziertabakblüten verströmt würde. So auf-

merksam ich auch an den unterschiedlichsten Tageszeiten an den Blüten schnupperte – ein Duft war hier beim besten Willen nicht auszumachen. Hatten meine Buchautoren gelogen? Oder litt ich unter einem permanenten Schnupfen mit verstopfter Nase? Vielleicht trübte der eigene Tabakgenuss bereits die Wahrnehmungsschärfe? Meine ersten Ziertabakpflanzen waren sozusagen stumm. Auch wenn ich vielleicht diesen Tabakpflanzen Unrecht tue, ich löste meine Beziehung zu ihnen und wandte mich für die Bestückung von Kübeln und Kästen anderen Arten zu. Sicher, die Tabakblüten sind recht hübsch, aber das sind die der Alternativpflanzen auch.

Wie immer in solchen Fällen nagte ein Zweifel an mir. Diesmal jedoch unbewusst, denn die Ziertabakgeschichte hatte ich längst vergessen. Erst als ich vor eineinhalb Jahren in Bielefeld meinen Schrebergarten zu bepflanzen hatte – mittlerweile war ich ja Raucher geworden –, lief mir der Tabak in Blumenform wieder über den Weg. Es war ein unwirtlicher Tag Anfang März und ich betrat eines der wenigen Saatguthäuser, die es noch in Deutschland gibt – das Haus Riemeier befindet sich erfreulicherweise mitten in der Stadt am Jahnplatz, nur fünf Stadtbahnstationen von unserer Wohnung entfernt. Das Sortiment dort war groß, aber nicht zu groß, und man bot Saatgut und Blumenzwiebeln von sehr unterschiedlichen Herstellern an. Dass im Untergeschoss auch noch Aquaristik-Zubehör angeboten wird, bekam ich erst mit, als ich mir im letzten Herbst mein großes Aquarium zulegte – so funktioniert eben selektive Wahrnehmung.

Aber es geht ja um Blumensamen. Natürlich studierte ich die Wände mit den verlockenden bunten Bildern und mein Blick hing an dem Tütchen mit *Nicotiana sylvestris* fest. Ja! Das ist sicher der duftende Ziertabak, den ich schon so lange gesucht hatte! Keine Frage, dass ich ihn sofort mitnahm und sehr bald am heimischen Fensterbrett aussäte. Auch dieser Samen ist hauchfein und es war nicht einfach, ihn einigermaßen gleichmäßig auf die Oberfläche der kleinen Saatschale zu verstreuen.

Ich war auch überrascht über die Menge der Körnchen, sicher hätte ich den ganzen Garten vollpflanzen können mit einem Päckchen. Doch das wollte ich ja gar nicht – und so verwahrte ich einen großen Teil des Packungsinhalts für spätere Aktionen. Ähnlich wie die Fingerhutpflanzen liefen auch die kleinen Tabakpflänzchen gut auf und bildeten rasch eine geschlossene Matte aus winzigen, hellgrünen, nahezu runden Blättchen. Ich pikierte sie vorsichtig in Töpfe und bereitete eine Kiste mit 24 heranwachsenden Pflanzen vor. Ab Ende April kamen sie ins Freiland und wuchsen sehr gut heran. Ich plante, sie zusammen mit den braunen Sonnenblumen, die ich im April ausgesät hatte, zwischen die noch jungen historischen Rosen zu setzen. Die Rosen nahmen es erstaunlich gelassen, denn immerhin wuchs dieses Sommerblumen-Duo zu einer sehr beeindruckenden, großblättrigen, blickdichten Hecke zum Nachbarn zum Rechten zusammen. Die samtig schimmernden Sonnenblumen waren tagsüber die Highlights an diesem Pflanzenband – aber sowie die Dämmerung hereinbrach, begann der große Auftritt des Ziertabaks. Im Hochsommer war er gut mannshoch geworden und ab etwa Ende Juli zeigten sich die röhrigen weißen Blüten. Sie sind zwar nicht klein und spreizen sich effektvoll von den Stielen ab – aber es sind weniger die Blüten allein als die gesamte Pflanzenerscheinung, die so fasziniert. Absolut begeisternd ist der starke Duft, der erst am Abend frei wird. Etwa ein, zwei Stunden vor dem Dunkelwerden kann man ihn sehr deutlich wahrnehmen. Betäubend wird es dann, wenn man in einer warmen, dunklen Augustnacht direkt neben den Pflanzen sitzt – es ist wie eine gekonnte Komposition von dem Odeur der Maiglöckchen, Lilien und etwas Phlox. Nachtfalter und andere Insekten besuchen scharenweise die schimmernden Blüten und das Spektakel wiederholt sich über Wochen bis in den Spätherbst hinein. Ich gebe zu, dass ich Glück gehabt hatte bei der Wahl des Pflanzplatzes. Nie und nimmer hätte ich gedacht, dass in meiner Obhut solche Prachtpflanzen heranwachsen würden. Stefan, der liebenswerte Querkopf, riet mir einmal, die Blätter zu ernten und zu trocknen, um daraus eigene Zigarillos anzufertigen. Auch wenn ich ihm mit tadelnd-wissendem Blick erläuterte, dass der Rauchtabak denn doch eine andere Pflanzenart ist, zog er mich den ganzen letzten Sommer über damit auf ... und ich ließ den Pflanzen alle Blätter, um ihnen ein reiches Blühen und Fruchten zu garantieren. Samen bildeten sie nämlich reichlich. Ich bezweifle, dass sie sich von selbst weiter aussäen, dazu ist die Pflanze wohl nicht winterfest genug. Aber ich hatte ja für diesen Frühling noch einen Rest aus der Tüte vom letzten Jahr. Raten Sie mal, was auf dem Flur nun, Ende April, hoffnungsfroh heranwächst? Zwischen die Historischen Rosen, so wie im letzten Jahr, kommt er nicht. Aber ich habe eine kleine Rosenhecke als Begrenzung zum Rasen, auf dem wir immer beim Feiern Tisch und Bänke aufstellen, neu angelegt. Sie ist noch nicht hoch und geschlossen. Dort werden meine Nachtdufter dieses Jahr landen – vielleicht wieder gemeinsam mit den so hinreißenden dunklen Sonnenblumen als Begleiterinnen. Das Schöne bei Saisonblumen ist ja, dass man immer wieder neue Plätze für sie finden kann ... selbst wenn es sich um so prägende Gestalten handelt.

DIE EWIGSCHÖNE:

Königslilie

Seit ich denken kann, faszinieren mich Lilien. Die noble Erscheinung, der schlanke, markante Aufbau der Pflanzen und die unglaublich variantenreichen Blütenformen und -farben raubten mir bereits als Schulkind den Atem. Wenn ich Blumenkataloge in die Hände bekam, schlug ich immer die Seiten mit den Lilien als erstes auf und malte mir aus, welche ich denn am liebsten einmal irgendwo in den Garten pflanzen wollte ... sollte ich einmal zu Geld kommen. Auch die drehbaren Drahtständer mit den bunt bedruckten Tüten, in denen die Blumenzwiebeln abgepackt waren, zogen mich magisch in den Bann; im benachbarten Blumengeschäft meiner Heimatstadt stand so ein Ding. Und ich beäugte immer wieder eifersüchtig, ob schon jemand meine Favoriten gekauft hatte, ehe ich selbst die erforderlichen Mittel dafür zusammen hatte.
Eines Tages war es aber soweit und ich kaufte von meinem Taschengeld meine ersten Lilienzwiebeln. Dieser Kauf war wohlüberlegt, denn ich hatte mich mithilfe der Gartenbücher der örtlichen Bücherei natürlich erst einmal ins Thema eingelesen. Eigentlich wollte ich mit den klassischen weißen Madonnenlilien (Lilium candidum) meine ersten Erfahrungen in Sachen Lilien machen. Doch diese alabasterweißen Klassiker wurden allgemein als problematisch beschrieben. Davon ließ ich lieber die Finger! Außerdem ließen sie sich in Harsewinkel nur schwer beschaffen. Dafür gab es aber die als robust geltenden, erschwinglichen Königslilien (Lilium regale), die ich als Fünfergruppe an einem kühlen Märztag wie vorgeschrieben dreimal so tief in den Boden setzte, wie eine Zwiebel dick war. Die Spannung war kaum zu ertragen, bis sich die ersten Triebe

blicken ließen. Kleine, dicke Strubbel kämpften sich durch das Erdreich und streckten sich dann aber, sobald sie die Sonne gesehen hatten, rasch. Man konnte förmlich zusehen, wie die Pflanzen heranwuchsen und ich war überrascht, wie kraftvoll die Stiele mit den feinen, davon abstehenden Blättern aussahen. Sowie sie etwa zwei Drittel ihrer Höhe erreicht hatten, zeigten sich bereits die noch winzigen Knospen am Austriebsschopf. Vorfreude machte sich breit! Natürlich habe ich nachgezählt, wie viele Blüten sich denn wohl entfalten würden. Der erste Lilienpulk meines Lebens trug dann stolze 22 Blüten; sie öffneten sich freundlicherweise pünktlich zu meinem Geburtstag Anfang Juli.

Als ich die Blüten das erste Mal sah, war ich absolut begeistert! Außen sind die Blütenblätter in einem bräunlichen Purpurton überlaufen (lediglich die Selektion *Lilium regale* 'Album' ist rundum weiß, das habe ich aber erst später herausgefunden ...). Innen sind die Blüten blendend weiß. Die sehr glatte Oberfläche wirkt wie feinster Carrara-Marmor. Am Schlund findet sich eine gelbe Zone; auch die Staubgefäße und der Griffel sind gelb. Die Blüten stehen seitlich ab und verbreiten besonders abends einen betörenden Duft — narkotisch durchdringend und doch weich schleicht er wie zu Duft gewordener Samt durch die Sommernacht, während die Blüten durch die Dämmerung und das Dunkel schimmern. Schönheit betört eben auf vielerlei Weise!

Ich freute mich schon direkt nach dem Abblühen der Lilien auf das Dacapo im folgenden Jahr — doch auch andere Lilienliebhaber entdeckten meine neu erworbenen Schätze: Lilienhähnchen. Allein das Wort bedeutet für Freunde der edlen Blumen das Grauen, denn die an sich sehr hübschen, lackroten Käfer können das Aus für Lilienpflanzen bedeuten. Sie erscheinen oft schon im April und Mai und halten sich, ehe die Lilien austreiben, erst einmal an Kaiserkronen oder andere Fritillaria-Gewächse, ehe Lilien ihre Leibspeise werden. Die Käfer entwickeln einen riesigen Appetit und fressen sehr rasch die Bestände ab. Man muss sie absammeln und vernichten, sonst sind die Lilien mit Stumpf und Stiel in wenigen Wochen perdu. Weil sich die gewitzten Käfer als Fluchtreaktion fallen lassen und dann unauffindbar sind, muss man eben etwas cleverer sein als die Krabbler. Ehe man den Käfer mit den Fingern von oben packen will, hält man den Handteller unter ihn – so kann man ihn auffangen. Auch die zahlreichen Lilienhähnchen-Larven entwickeln einen enormen Appetit; anders als die Käfer sitzen sie aber blattunterseits. Da sie sich einkoten, sind sie von Schlammspritzern für ungeübte Augen kaum zu unterscheiden. Zunächst sehen sie aus wie kleine runde Schlammspritzer. Mit der Zeit aber zeichnen sich die Maden plastisch ab. Auch wenn es etwas eklig ist, das Abstreifen und Vernichten auch der Larven ist eine unumgängliche, aber schnell gemachte und vor allem umweltfreundliche Pflanzenschutzmaßnahme. In letzter Minute erst konnte ich meine ersten Königslilienbestände vor dem Ruin retten; ich brauchte ein wenig, bis ich den Bogen raus hatte.

Seitdem ist eine lange Zeit vergangen und ich habe verschiedene Gärten pflanzen und pflegen dürfen. In jedem einzelnen von ihnen blühten Königslilien; es waren fast immer die ersten Blumenzwiebeln, die ich gepflanzt habe. Selbst im schweren Lehm hielten sie (nach einer „Bodenerleichterung" durch Sand) gut durch. Ich hatte sogar Erfolg, Königslilien selbst auszusäen; es dauerte zwar drei Jahre, bis die allerersten Blüten der Nachkommen sich zeigten; sie waren aber ebenso makellos wie die ihrer Eltern.

Königslilien haben übrigens sehr hübsche Abkömmlinge. Gekreuzt mit anderen Lilienarten entstehen nämlich so genannte Aurelianse-Hybriden mit herrlichen Trompetenblüten in anderen Farben. Meist werden sie mit 150–200 Zentimetern höher als der zeitlose Lilienkönig und blühen gut zwanzig Tage später als sie auf. Vor 35 Jahren hatte ich bereits 'African Queen' (honiggelb bis orange), 'Pink Perfection' (kühles, unterschiedlich intensives Lilarosa), 'Black Dragon' (innen weiß, außen fast schwarz) und die wunderschöne 'Green Magic' (allerzartestes Apfelgrün) in den heimischen Garten gepflanzt. Sie alle wuchsen fantastisch und führten die Duftphase des Gartens bis Mitte August fort. 2012 wollte ich diese Sorten unbedingt in meinen nun neuen Schrebergarten in Bielefeld setzen. Doch ich kam nur an die rosa- und orangefarbenen Sorten heran. Ich fand heraus, dass 'Green Magic' und 'Black Dragon' nicht mehr vermehrt werden können. Alle diese Lilien sind so genannte „Strains". Das heißt, man braucht ganz bestimmte Elternpflanzen, die gekreuzt werden müssen, um diese Nachkommen zu erhalten. Anders als etwa bei den F1-Hybriden spielen die Nachkommen immer ein wenig in den Farben – daher kann etwa die eine 'Pink Perfection' ein eher zartes Rosa haben, während die Pflanze aus der gleichen Kreuzung fast auberginenfarbig aufblüht ... und beide sind „echt". Es ist die Vermehrung durch Aussaat, die diese fantastischen Trompetenlilien so preiswert macht.

Die Eltern von 'Black Dragon' und der bezaubernden 'Green Magic' sind offenbar bei einer Überschwemmung der Züchtergärtnerei in den USA unwiderruflich umgekommen. Es scheint so, dass diese Linien nicht mehr rekonstruiert werden können. Das ist wohl der Grund, warum ich keine dieser Sorten mehr auftreiben konnte. Um die 'Green Magic' tut es mir besonders leid. Komisch – jetzt bin ich sozusagen Zeuge geworden, wie zwei Blumensorten ausgestorben sind, die ich gekannt habe ... auch wenn es sich „nur" um Gartenblumen handelt, ist mir doch etwas mulmig dabei. Es gibt eben Dinge, die sind unwiederbringlich ...

DIE EXOTISCHEN:
Turbanlilien

Der aufmerksame Leser wird sicher bereits über die Bezeichnung Turbanlilie gestolpert sein. Und ehe nun alle in einschlägigen Gartenbüchern vergeblich die Lilienart „Turbanlilie" nachschlagen, kläre ich doch gleich ein Missverständnis auf, ehe es entsteht. Echte Lilien, also alle Angehörigen der botanischen Gattung Lilium, können nach ihrer Blütenform unterschieden werden. Grundsätzlich gibt es die Kategorie der Trompetenform mit seitlich abstehenden, tütenartigen Blüten, zu denen meine herzallerliebste Königslilie gehört. Dann die Gruppe der schalenförmig Blühenden – die meisten Schnittlilien gehören dazu, ebenso die Asiatischen Lilien. Bei ihnen öffnen sich die Blüten nach oben hin und die Staubgefäße stehen mehr oder weniger aufrecht. Von ihnen wurden auch die meiner Ansicht nach völlig überflüssigen gefüllt blühenden Lilien entwickelt – eine Monstrosität, die mit ihren unordentlichen Staubwedeln aus Blütenblättern die hochedle einfache Blütenform völlig verleugnet. Da lob' ich mir doch die dritte Blütenform-Riege: die Turbanlilien oder Türkenbunde. Hier hängen die Blüten und ihre Staubgefäße und Griffel ragen nach unten. Die Blütenblätter sind raffiniert aufgeschlagen und ähneln tatsächlich einem Turban.

Genau das fand ich klasse, als ich diese Blumen das erste Mal sah. Es war ein Augusttag, der Himmel war etwas bedeckt und eine orangerote Blüte, die vorher noch nicht da war, leuchtete durch den Garten. Zielsicher lief ich ihr entgegen, begrüßte sie und stellte, nachdem ich meine Nase ins schlaue Buch gesteckt hatte, entzückt fest, dass es sich um die Tigerlilie handelte. Damals hieß sie bei den Botanikern sogar noch *Lilium tigrinum*, heute *Lilium lancifolium*. Meine liebe Mutter muss sie wohl gepflanzt haben – zuzutrauen war es ihr. Erfreulicherweise hatten die Lilienhähnchen in diesem Jahr nichts davon mitbekommen, dass es für sie etwas zu essen gab – sonst hätte ich sicher die Bekanntschaft mit der Tiger-Lilli, wie ich sie sofort despektierlich nannte, erst wesentlich später gemacht. Übrigens stört es mich sehr, dass diese Lilie „Tigerlilie" heißt, denn ich kenne keinen Tiger, der Punkte hat. Andererseits ist die Grundfarbe Orange und nicht Blassgold, sodass „Gepardenlilie" als Name ausfallen würde, zumal *Lilium lancifolium* aus Asien stammt und nicht aus Afrika. Welche Assoziation „orangefarbene Basis mit schwarzen Punkten" könnte wohl namensgebend gewesen sein? Vielleicht ein Fasan? Oder eine Orchidee? Nun ja – so ganz falsch liege ich mit letzterer Assoziation gar nicht einmal, denn immerhin haben sich, wenn ich mich richtig an den Stammbaum der Pflanzengattungen erinnere, die Orchideengewächse aus den Liliengewächsen im Laufe der Evolution entwickelt – als jüngste und vielfältigste aller Pflanzenfamilien.

Doch zurück zur Tigerlilie. Vor gut zwölf Jahren lernte ich eine weitere Lilienart aus der Gruppe der Turbanlilien kennen: die Mandarin-Lilie (*Lilium henryi*). Der botanische Name machte mir besonders Spaß, denn seit meinen Schulzeiten habe ich den Spitznamen „Henry" – und so hatte diese Lilie bei mir auf Anhieb einen Stein im Brett. Sie ist höher als *Lilium lancifolium* und von ihrer Erscheinung etwas mächtiger durch die breiteren Laubblätter. Anders als die Tigerlilie mit ihrem warmen Rotorange leuchtet die Mandarin-Lilie strahlend orange, genau wie eine Apfelsinenschale. Sie besitzt in der Nähe der Staubgefäße fleischige Auswüchse, die „Tiger-Lilly" völlig abgehen. Ich rätselte eine Weile, welche von beiden die schönere ist – und kann mich nicht entscheiden. Nun habe ich beide im Garten …

Erst einmal neugierig geworden, sah ich mich um nach anderen Farben bei den Turbanlilien. Sehr schnell fand ich einen wahren Gartenschatz, den ich wirklich nicht mehr missen möchte: 'Black Beauty'. Sie entstammt einer Kreuzung zwischen der Mandarin-Lilie und der in den meisten Gärten hierzulande etwas heiklen Prachtlilie *Lilium speciosum* 'Rubrum'. Als Schnittblume war letztere in den 70er- und 80er-Jahren sensationell und wirkte unerhört exotisch – längst ist sie abgelöst von moderneren Lilienzüchtungen. 'Black Beauty' schlägt äußerlich nach der empfindlichen Prachtlilie; der Farbton ist ein intensives Purpur, das sich zum Rand der Tepalen etwas aufhellt. Die Blüten sind durch dunkle Tupfen belebt. Hinsichtlich der Wuchseigenschaften ist sie aber eine echte Mandarin-Lilien-Tochter. Kaum eine Lilie von solcher Schönheit ist derart robust und reichblühend. Mitunter wird 'Black Beauty' in Katalogen noch ein starker Duft angedichtet. Doch das kann ich nicht bestätigen. Wie die meisten anderen turbantragenden Lilien auch braucht sie kein Parfüm.

Haben wir nun die Riege der „Turbinen" zusammen? Nicht ganz, denn eine Sorte möchte ich denn doch nicht unter den Tisch fallen lassen. Sie hört auf den Namen 'Citronella' und ist ein quittengelber Abkömmling der Tigerlilie. Es lag wohl daran, dass die anderen Liliensorten im Blumengeschäft um die Ecke ausverkauft waren, dass ich diese gelbe Turbanträgerin gesetzt habe. Sie ähnelt sehr der Stammart, bis auf die Farbe, versteht sich. Außerdem wächst sie höher – 150 Zentimeter sind keine Seltenheit. Aber genau wie die Tigerlilie auch bildet sie in den Blattachseln kleine Brutzwiebeln, so genannte Bulbillen. Das ist wirklich sehr seltsam und ausgesprochen interessant! Nimmt man sich nämlich dieser Zwiebelchen an, sowie sie gereift vom Stiel gefallen sind, hat man bereits die kommende Generation völlig gleichartiger Lilien in den Händen bzw. in den Anzuchtgefäßen. Man sollte lediglich, solange die Pflanzen in Töpfen kultiviert werden, achtgeben, dass diese nicht völlig durchfrieren. Ansonsten geht alles von selbst – lediglich die Geduld wird etwas auf die Probe gestellt. Blühen werden die Jungspunde erst nach etwa drei Jahren. Aber für Lilienverhältnisse ist das völlig in der Norm.

'Citronella' zeigte mir aber seinerzeit auch, was man mit Lilien nicht machen sollte: sie mit zu langen Stielen für die Vase abschneiden. Es war wieder einmal meine Mutter, die gerne etwas Blumendeko für eine Abendgesellschaft brauchte. Eine schmale Kupferkanne, die ein wenig an das Kohlenschöpfgefäß erinnerte, das meine Oma noch in ihrer Wohnung benutzte, sollte mit Blumen dekoriert werden. Und da kamen die 'Citronella'-Lilien doch gerade recht. Sie standen etwas erhöht und machten wirklich Eindruck durch ihre nickenden, sehr zahlreichen Blüten. Allerdings schafften es die nur noch rund 10 Zentimeter langen verbliebenen Stielstummel im Garten nicht, so viel Kraft zu sammeln, dass sie im folgenden Jahr wieder reich Knospen ansetzten. Es dauerte rund vier Jahre, bis sie wieder etwa so waren, wie ich sie als erstes kannte – naja, hätten wir gedüngt, hätte sich die Wartezeit sicher verkürzt. Seither beäuge ich sehr eifersüchtig meine Gartenlilien. Natürlich liebe ich sie als Vasenblume, doch ich will keiner von ihnen derartige Torturen zumuten. Wer also eine Lilie aus meinem Garten geschenkt bekommt, kann sicher sein, dass ich ihn oder sie sehr auszeichne. Und der geehrte Mensch braucht keine hohe Vase, denn länger als 25 Zentimeter wird der Stiel sicher nicht sein …

DIE TUGENDTREUEN:
Narzissen

Meine Gartenerinnerungen beginnen wieder einmal in meinem elterlichen Garten in Harsewinkel. Der Boden war sandig, die Sommer feucht und das Angebot an Blumenzwiebeln deutlich kleiner als heute. Dennoch waren die Ständer, an dem die Blumenzwiebeltüten mit den bunt bedruckten Vorblättern bereits vor dreißig Jahren hingen, ein wirklicher Fliegenfänger für mich (und sind es noch). Ich konnte mich schon seinerzeit kaum sattsehen an diesen Bildern und malte mir aus, wo was im Garten am besten aussehen würde. Unser Gartenbudget im Herbst floss zu 95 Prozent in das Zwiebelsortiment; lediglich ein paar blühende Chrysanthemen und Eriken für die Schale auf der Treppe neben der Haustür waren da noch drin.

Bei Blumenzwiebeln kann man seine Träume richtig austoben. Doch die raue Gartenwirklichkeit wird auch in dieser Hinsicht zum Lehrmeister. Es zeigte sich, dass unsere Tulpen beispielsweise in den westfälischen Sanddünen versackten und wahrscheinlich von Wühlmäusen gefressen wurden. Die regenreichen Sommermonate trugen auch nicht gerade zum Wohlbefinden der türkischen Frühlingsdiven bei. Wie anders aber präsentierten sich die charmanten Narzissen, die sich von Anfang an sehr viel unkomplizierter und vor allem langlebiger gebärdeten. Ihrer Anmut wegen habe ich sie sofort ins Herz geschlossen. Meine Freundin Alison aus England sagte immer, dass gelben Narzissen (= daffodils) ihre wahren Lieblingsblumen seien, denn ihre Blütenform erscheint gleichzeitig einfach und raffiniert. Sie hat recht, nicht wahr?

Aber auch aufgrund ihrer Verlässlichkeit habe ich Narzissen im Herbst schon früh viel lieber gesetzt als etwa Tulpen. Die all-

gegenwärtigen Wühlmäuse waren allerdings von meiner neuen Blumenliebe nicht gerade begeistert, denn Narzissenzwiebeln sind für sie nicht bekömmlich und werden gemieden. Das geschieht diesen nagezahnbewehrten Vielfraßen recht! Mit Narzissen kann man also unbefangen Pläne für die Zukunft schmieden, und nicht nur für den nächsten Frühling.

Zuallererst gehörte der dottergelbe Narzissen-Klassiker in den Garten und die Osterglocken prunkten am Zaun – meist pünktlich zum Auferstehungsfest, und wir hatten fast immer volle Vasen und Beete von ihnen, wenn es zum Eiersuchen ging. Meine Mutter bestand außerdem darauf, auch die Dichternarzisse im Garten zu haben. Die Sorte 'Actaea' ist besonders verbreitet und sehr empfehlenswert. Sie entfaltet ihre klar weißen Blüten um ein gelbes, rot gerandetes Krönchen im ausgehenden April bis etwa Mitte Mai und duftet wunderbar. Es kann nach meinen Beobachtungen ein, zwei Jahre dauern, bis sich diese Sorte eingewöhnt hat und regemäßig blüht; dann aber ist sie ein Muster an Zuverlässigkeit. Lange Zeit war 'Actaea' auch mein Narzissenfavorit; in dieser Hinsicht waren meine Ma und ich uns völlig einig. Doch in der Liebe muss ein junger Mann auch eines Tages eigene Wege gehen. Dieser Lauf der Dinge begann, als ich die Engelstränen-Narzisse 'Thalia' kennenlernte. Sie begegnete mir in einem Gartencenter in der Nähe von Münster – und wir gingen zu mir ...

Mit rund 30 Zentimetern Höhe bleibt die schöne 'Thalia' vergleichsweise kompakt. Ihre glitzrig-kreideweißen Blüten stehen zu zweit oder dritt an einem Schaft, nicken ein wenig und duften zart. Bereits im ersten Standjahr standen Pulks von ihnen in schönster Blüte. Ihre ersten romantischen Nachbarn waren das Tränende Herz *Dicentra spectabilis* und das Vergissmeinnicht *Myo-*

sotis sylvestris. Später wurde es etwas stylischer und beispielsweise das weißlich gemusterte Laub des blau blühenden Kaukasusvergissmeinnichts *Brunnera macrophylla* 'Jack Frost' oder Austriebe von weiß gerandeten Funkien standen nebenan. Fantastisch machen sich auch dunkelrot blühende Sorten der Orientalischen Nieswurz *Helleborus orientale*, die gerade dann beginnen zu vergrünen, wenn die Narzissenblüte voll einsetzt. Als dritte in diesem Bunde sind Himmelsschlüssel *Primula veris* in ihren zartgelben Nuancen erstaunlich passende Partner.
Der deutsche Name „Engelstränen" ist für mich übrigens ein wenig zwiespältig. Auf der einen Seite möchte ich um keinen Preis, dass ein Engel weint. Das hat so etwas Tieftrauriges und erinnert mich immer an Standbilder auf einem Friedhof. Auf der anderen Seite möchte ich mich auch nicht gedanklich damit herausmogeln, dass es sich um Freudentränen der Engel handelt. Bei allem ist es vielleicht das Anrührende im Bild eines weinenden Engels, das so gut zu den nickenden Blüten passt.

Sagen wir einmal so: Mir sind Engelstränen im Frühlingsbeet in Form dieser Narzissen weit lieber als traurige Himmelsboten.

Die silbrig schimmernd-schöne 'Thalia' löste also die Dichternarzisse als „narzissiges Nonplusultra" ab. Je mehr, desto besser – ich verwende sie mit Vorliebe in Trupps ab zwanzig Stück aufwärts. Mit den Jahren lernte ich aber, dass es nicht nur weiße Engelstränen gibt. Vor gut zehn Jahren trat 'Pipit' in mein Leben. Er wächst etwas höher als die silbrige Schöne und hat zitronengelbe Blüten. Spannend wird es, wenn sich ein, zwei Tage nach dem Öffnen der Blüten um die Krone ein zarter weißer Schimmer blicken lässt. Die Blüte hat eine Art Heiligenschein bekommen, der ihr ob ihrer Gartentugenden voll gebührt und bestens steht. Ein Engelstränen-Traumpaar war gefunden.

Doch dieses Paar hat nun mittlerweile Gesellschaft bekommen. Kürzlich lief mir nämlich 'Stint' über den Weg. Wir trafen uns auf einem Beet im niederländischen Keukenhof und kommen seither nicht mehr voneinander los. 'Stint' hat zart primelgelbe Blüten von gleicher Form und Haltung wie 'Thalia', bleibt aber etwas kleiner. Diese engelhafte Dreifaltigkeit ist also in meinen Frühlingsgärten seitdem „gesetzt". Aber was fange ich nun mit dem nächsten Aspiranten an, der bereits blumig ans Gartentörchen klopft? 'Toto' ist nämlich auch so ein kleiner Schatz, das Weiß etwas elfenbeinern und die Pflanze etwas kleiner. Das Beste wird es sein, ihn erst einmal in einem Pflanzgefäß auszuprobieren und über die endgültige Verwendung später zu entscheiden ... aber – ach was soll's. Ich besorge mir bei der nächsten Gelegenheit fünfzig Zwiebeln davon und lasse ihm zwischen seinen Geschwistern freien Lauf. Sie werden sich schon vertragen.

DIE OPULENTEN:
Kaiserkronen

Es gibt ja Blumen, da scheiden sich die Geister. Kaiserkronen (*Fritillaria imperialis*) gehören zu solchen Polarisierern. Die Gemeinschaft aller Gartenfreunde lässt sich grob einteilen in Kaiserkronen-Fans und Kaiserkronen-Hasser. Alle, die diese Pflanze ablehnen, behaupten, dass sie einfach zu grob und zu massig sei. Außerdem wird oft bemängelt, dass Kaiserkronen im ersten Jahr zwar schön blühen, sie aber genauso wie Tulpen in den Folgejahren lediglich Laub ausbilden.
Genau diese Kulturerfahrungen standen auch am Anfang meiner Beziehung zu diesen herrlichen, barock anmutenden Pflanzen mit den Hängeblüten, die mich immer an einen Glockenstuhl erinnern, an dem das Geläut angebracht ist. Schon immer gehörten diese imposanten Prachtentfalter zu den teuersten Zwiebeln des Sortiments an Frühlingsblühern. So wundert es nicht, dass ich in den fernen Jugendtagen hier und da mal eine, maximal drei Zwiebeln gesetzt hatte, denn für das gleiche Geld konnte man mindestens eine Hundertschaft Krokusknollen erstehen, die flächendeckendes Frühlingsentzücken verhieß. Im mageren Sand meiner Heimat zeigten diese übrigens bereits seit dem Mittelalter dokumentierten und beliebten Pflanzen im ersten Jahr immer die begehrte Blütenpracht. Doch dann schlossen sich nur noch Lenze an, bei denen die Kaiserkronen nur Blätter produzierten und nicht wirklich im Garten vorankamen. Ich nahm an, dass Kaiserkronen ähnlich schlecht mit den Verhältnissen vor Ort zurechtkämen wie großblumige Tulpen und fügte mich erst einmal in dieses Schicksal.
Dann aber gab es auch hier eine Erleuchtung. Eines schönen Frühlingstages saß ich mit einer damaligen Schulfreundin

namens Jutta auf der elternhäuslichen Terrasse. Ihre Familie bewirtschaftete einen der für Ostwestfalen so typischen rot geklinkerten Bauernhöfe und bewohnte ein nettes Anwesen am Rande der Kleinstadt. Vor uns blühten im angrenzenden Beet rund 35 fantastische Kaiserkronen – eine Gruppe in dunkelrot und eine in sonnengelb. Neben den voll ausgebildeten starken Blütenpflanzen wuchsen noch mindestens ebenso viele noch blütenlose Blattschöpfe. Ich fragte begeistert Juttas Mutter, wann sie ihre Kaiserkronen denn gepflanzt hätte. „Och", sagte sie, „die stehen schon lange hier im Garten; meine Schwiegermutter hat sie vor etlichen Jahren mal gesetzt." Sofort hakte ich nach, wie sie denn diese Pflanzen versorgte. „Nicht besonders", so die Antwort. „Die bekommen im Frühling eine kräftige Lage Mist und alles andere geht wie von selbst …". Das war also des Rätsels Lösung: Kaiserkronen sind Vielfraße! Na ja, es liegt ja nahe, dass derartige Prachtstücke keine Hungerkünstler sein können. Unverzüglich erbat ich mir einen Eimer Mist, den ich dann um meine dahinsiechenden Kaiserkrönchen verteilte. Natürlich habe ich im darauf folgenden Herbst hoffnungsfroh neue Zwiebeln gekauft und mir vorgenommen, sie ebenfalls stets mit einem nahrhaften Festessen zu verwöhnen. Die früh blühenden Zwiebelblumen müssen ja die Zeit vor dem Vergilben ihres Laubs nutzen, um so viel Sonnenlicht und Nährstoffe wie möglich aufzunehmen und in der Zwiebel zu speichern. Aus diesem Grund haben Düngergaben nur kurz vor, während oder kurz nach der Blüte Sinn. Allerdings sind einige dieser Pflanzen etwas empfindlich gegen zu viele Nährstoffe wie Stickstoff oder Phosphor. In Juttas elterlichem Garten etwa zeigten sich kaum Tulpen oder Narzissen – vermutlich vertragen sie die Hausmannskost nicht besonders. Aber für Kaiserkronen kann das Mahl offenbar gar nicht üppig genug ausfallen.

Der Kaiserkronenhimmel hing also voller Geigen – solange bis sich auch ein alter Bekannter ebenfalls für die höchstadeligen Gartenbewohner interessierte: das Lilienhähnchen. Dieser gefräßige Käfer kaperte sich bereits Anfang April die Blätter meiner frisch ausgetriebenen Pflanzen und vermehrte sich im

Turbogang. Nur wenig später zeigten sich auch blattunterseits die Larven, die in ihrem Appetit ihre Eltern sogar noch übertreffen. Aber ich wusste ja schon, was zu tun war: Absammeln und ohne falsche Skrupel vernichten. Einen Schreck hatte mir das Käferlein allerdings schon eingejagt und so hüte ich auch die Kaiserkronen seitdem mit Argusaugen.

Das andere Grauen für zahlreiche Zwiebelgewächse, Stauden und Rosen heißt ja bekanntlich Wühlmaus. Doch vor ihnen ist die Kaiserkrone gefeit. Ihre Zwiebeln strömen nämlich einen echten Pantherkäfiggeruch aus und die Mäuse umgehen sie. In vielen Gartenbüchern steht nun zu lesen, dass man mit Kaiserkronen sogar Wühlmäuse aus dem Garten vertreiben kann. Und so hatte ich in einem späteren Garten nahe Rietberg, der einen stets hungrigen Wühlmaus-Clan beherbergte, meine kostbarsten Taglilien mit Kaiserkronenzwiebeln nahezu eskortiert. Doch leider hat das gar nichts genützt. Die Mäuse ließen zwar die Kaiserkronen stehen, untertunnelten sie aber und stießen punktgenau von unten auf die Taglilie, um sie zu verspeisen ...

Den Kaiserkronen bin ich seither dennoch sehr verbunden. Es ist erstaunlich, wie viele Sorten es bei genauem Hinsehen gibt. Vor wenigen Jahren reiste ich einmal im April mit Dieter und Heike Gaissmayer in die Niederlande, wo wir mit dem Blumenzwiebelspezialisten Gert-Pieter Nijssen äußerst fachkundig und gastfreundlich viele Anbauer und ihre Felder sowie fantastische Schaugärten besuchten. Es ist einfach überwältigend, einmal Kaiserkronen in Hekatomben gepflanzt auf einem großen Acker zu erleben – einen solchen Anblick bietet nicht einmal der Keukenhof. Neben den bekannten roten ('Rubra') und gelben ('Lutea') Kaiserkronen finden sich noch weitere reizvolle Spielarten. Besonders angetan hat es mir 'Aurora' in einem Morgenhimmelorange, das durch feine, dunkler getönte Nerven belebt wird. Hier passt der Name der römischen Göttin der Morgen- und Abendröte ausgezeichnet. Schaut man übrigens von unten in die Blüten, zeigt sich nicht nur die Blütenzeichnung besonders lebhaft, sondern man entdeckt auch, dass die Glocken oberhalb der Staubgefäße hellen Nektar beherbergen. Wieder einmal lohnen sich ungewöhnliche Perspektiven.

Ich habe lange überlegt, wie ich denn meine imperialen Accessoires in einen Frühlingsgarten eingliedere, ohne dass das Beet allzu formal wirkt. Die dominante Erscheinung der Pflanzen macht ein solches Unterfangen sehr anspruchsvoll. Völlig überrascht war ich, als mir Heike Gaissmayer Bilder von Beeten zeigte, in denen Kaiserkronen hier und da einzeln eingestreut zwischen feinen, zarten Frühlingsblumen wuchsen. Sie ragten zwar deutlich aus dem Geschehen heraus, trugen aber dennoch zu einem gewissen Streublumeneffekt bei – gerade weil sie einen solchen Größenkontrast liefern. Dieser kann übrigens auf eine charmante Weise abgemildert werden, denn es gibt seit wenigen Jahren Kaiserkronen mit einem etwas feingliedrigeren Wuchs. Ihre Sortennamen gedenken großer Komponisten wie 'Bach' (lachsrot), 'Beethoven' (orange) oder 'Vivaldi' (aprikosengelb). Sie sind wesentlich leichter in Beete zu integrieren und dürften möglicherweise Kaiserkronen-Ablehnern den Weg in diese Blumenwelt ebnen.

Aber damit nicht genug. Meine Lieblingssorten sind nämlich auch alles andere als massig in ihrer Erscheinung – wenn auch „nur" durch einen visuellen Trick. Ich habe nämlich die Sorten mit panaschierten Blättern entdeckt. 'Argentovariegata' hat cremeweiße Ränder am Laub, 'Aureovariegata' gelbliche. Die Blüten beider Sorten sind rotorange. Durch die optische Auflösung der mächtigen Pflanzengestalt wirken diese Kaiserkronen enorm leicht. Sie bleiben zwar auf prächtige Weise präsent, verbünden sich aber gestalterisch ganz selbstverständlich mit allem, was da im Umfeld in den Farben zwischen Gelb und Weiß blüht – und vertragen zudem natürlich auch so manchen Farbkontrast, etwa mit leuchtendem Blau oder tiefem Purpur. Ist es nicht schön zu sehen, wie eine Blume so bereitwillig auf ihren entrückten Thron verzichtet und sozusagen volkstümlich wird?

DIE UNSCHLAGBAREN:
Dahlien

Was ist eigentlich an Dahlien dran, dass manche Gartenfreunde ein wenig die Nase über sie rümpfen? Manchmal beschleicht mich das Gefühl, dass Pflanzen, wenn sie nur unkompliziert wachsen, blühen und sich vermehren können, besonders bei fortgeschrittenen Hobbygärtnern an Geltung verlieren. Bei keiner anderen Gartenpflanze – na, vielleicht abgesehen von der Studentenblume (Tagetes), die ich übrigens ebenfalls wiederentdeckt habe und liebe – erhalte ich so viele hochgezogene Augenbrauen als Antwort, wenn ich erwähne, dass ich sie mag. Eine weitere Crux ist, dass mittlerweile verstärkt sogar Gartenanfänger Dahlien verschmähen. Das hängt oft damit zusammen, dass sie es als zu kompliziert empfinden, im Frühling die Knollen zu setzen und diese im Herbst wieder herauszunehmen und während des Winters kühl, aber frostfrei aufzuheben. Heutzutage sollen offenbar Gartenpflanzen ohne den geringsten Aufwand, einmal gepflanzt, ganze Sommer durchblühen und von selbst immer größer werden. Wer aber keine Freude am Pflanzen, Kümmern und Pflegen seiner Gartengewächse entwickeln kann, wird niemals darüber hinauskommen, einen Garten lediglich als Außendeko wahrzunehmen. Ihm entgeht die Verbindung mit den Abläufen in der Natur und das Glück des Augenblicks bei einer schaffenden und schöpferischen Tätigkeit. Und gerade die Dahlie stellt unter Beweis, dass der Aufwand, verglichen mit dem, was die Pflanze dafür liefert, ziemlich gering ist. Vielleicht liebe ich sie deswegen so glühend, weil sie für mich als schuldlos Verachtete eine Kronzeugin gegen den Konsum-und-Wegwerf-Zeitgeist geworden ist, der auch vor einigen Gartentoren nicht haltmacht.

Das Pflanzen und Pflegen von Dahlien ist nämlich ganz einfach. Wer noch keine Dahlienknollen besitzt, geht einfach im Frühling, gerade wenn es Spaß macht, im Garten loszulegen, in ein Geschäft und sucht sich die schönsten Dahliensorten aus. Die Knollen kommen zwischen Mitte April und Mitte Mai an einem sonnigen Platz in nicht allzu lehmige Erde – Sandboden wird übrigens erstaunlich gut vertragen, hier ist aber eine gute Düngung von etwa Juni bis September erforderlich. Zwar sind die jungen Triebe frostanfällig, doch auch wenn noch Bodenfröste drohen, können diese den Knollen in der Erde kaum noch gefährlich werden. Sollten sehr frühe Austriebe erfrieren, liefern die Knollen, wenn sie nicht gerade mikroskopisch klein sind, noch Reservetriebe nach. Ich selber sehe zu, dass ich am 1. Mai alle Dahlien gesetzt habe, und brauchte noch nie wegen Frost den Verlust auch nur einer Pflanze zu beklagen. Allerdings lernte ich zwei andere Gefahren ernst zu nehmen: Wühlmäuse und Schnecken. Gegen die Nager hilft ein schnell selbst gebasteltes Körbchen aus feinem Maschendraht, das das Pflanzloch bis hoch zur Erdoberfläche auskleidet. Und Schnecken muss man sowieso bekämpfen. Haben die Dahlien etwa eine Höhe von 20 Zentimetern überschritten, werden sie für die nimmermüden Mollusken weniger interessant – die Schnecken suchen sich dann lohnendere Speisen, etwa Salat oder Erdbeeren …
Je nach Größe der Knolle belasse ich zwischen zwei und fünf Austrieben. Bei Sorten mit großen Blüten auf langen Stielen binde ich die Triebe ab Mitte Juni an feste Stecken an. Wer weiß, welche Sommergewitter die Pflanzen ruinieren könnten? Sowie sich die ersten Blütenkörbe öffnen – je nach Pflanzzeit zwischen Mitte Juli und Anfang August – ist für mich der Hochsommer angebrochen. Ganz egal, was Thermometer, Kalender oder phänologische Uhren auch ansagen mögen! Es sind die Dahlien, die in mir die unvergleichliche Leichtigkeit, Gelassenheit und Hochstimmung des Hochsommers aufkommen lassen: Badesee-Tage, mittägliche, faunisch geprägte Ausruhezeiten, frühes Aufstehen, um das Tagewerk zu schaffen, spätnachmittägliches Weiterarbeiten, um sich die Siesta zu ermöglichen,

ausgedehntes abendliches Beisammensein im Garten bis tief in die Nacht – das alles ist Sommer und das alles wird begleitet von der Dahlie, ihrer Regentin. Und diese Sommerkönigin ist alles andere als allürenbesetzt. Nein! Sie blüht unglaublich fleißig. Die Hauptarbeit im Sommer ist es, alles Verblühte immer sofort auszuschneiden, sodass die nachkommenden Knospen Platz haben, sich zu entfalten. Schnittblumen liefert die Dahlie in rauen Mengen. Keine andere Pflanze beschert mir ein solches Vasenglück, und zu den schönsten Momenten im Sommer gehört für mich der Freitagabend, wenn ich aus dem Garten zurückkomme und so zwischen zwanzig und vierzig Dahlienblüten in die Vase auf den Esstisch stelle.

Doch das Loblied ist noch lange nicht zu Ende. Dahlien blühen bis zum Frost. Sie erleben (ähnlich wie moderne Rosen) das Kommen und Gehen der Blühhöhepunkte von Phlox, Schleierkraut, Indianernesseln, Schafgarben oder Gräsern und zu allen sehen die Dahlien fantastisch aus. Nur Rosen und Dahlien vertragen sich gestalterisch nicht besonders miteinander. Zur Feinheit der Rosen sind Dahlien denn doch einen Tick zu plakativ. Die Dahlienfreude neigt sich erst dem Ende zu, wenn die späteren Chrysanthemen blühen. Fast immer fällt das in die Zeit der ersten Fröste, die das Laub der Dahlien schwärzen und die Knospen so schädigen, dass sie nicht mehr aufblühen können. Spät blühende Chrysanthemen schütze ich stets durch Vlies vor den ersten Bodenfrösten, sodass sie in anschließenden milden Wetterphasen noch Farbe in die Beete bringen. Die Dahlien werden aber dann bereits ausgegraben. Ich erledige diese Arbeit immer an einem trockenen, sonnigen Tag und verwende dazu eine Grabegabel. Im ersten Durchgang hebe ich die Pflanzen aus und lasse sie erst einmal komplett liegen. Dann etikettiere ich sie mit Namensschildern – denn noch kann ich sie voneinander gut unterscheiden. Danach schneide ich die Triebe bis auf etwa ein bis zwei

Handbreit ab. Sie landen auf dem Kompost. Die Knollen lege ich danach kopfüber unter das Dach der Pergola und lasse sie ein paar Tage dort abtrocknen, sofern keine Fröste drohen. Letzte Erdreste lassen sich dann leicht mit einer Wurzelbürste entfernen. Die gesäuberten Knollen packe ich in Zeitungspapier in stapelbare Gitterkisten und lagere sie dann frostfrei auf dem kühlen Dachboden. Hin und wieder prüfe ich dort nach, ob sich Schimmel bildet – den streife ich ab, lass das Papier etwas lockerer und ziehe die Knollen etwas auseinander. Sie dürfen bis zur nächsten Pflanzsaison schlafen. Bei der erneuten Pflanzung dann teile ich sehr große Knollen in mindestens faustgroße Stücke und gebe Überschüssiges gern an andere Gartenfreunde weiter.

Zu preisen ist die Farbenvielfalt von Dahlien. Sie sucht im Pflanzenreich ihresgleichen. Bis auf reines Kornblumenblau ist die komplette Farbpalette vertreten – einfarbig und in schicken Dessins wie Streifen, Nervaturen, Panaschierungen, feinsten Randungen oder Maserungen. Sanfte Farbverläufe sind ebenso zu haben wie knallige Farbkontraste. Bei den Blütenformen ist ebenfalls so ziemlich alles möglich, was sich bei einem Korbblütler denken lässt – von der einfachen Blüte bis zur völligen Füllung aus hundert und mehr Zungenblüten ist alles vertreten. Selbst das Laub der Dahlien ist variantenreich: Hier finden sich geschlitzte Blätter ebenso wie gröber zerteilte; alle Grünvarianten sind vertreten und sogar dunkelrot Belaubtes bietet das Sortiment. Und als sei das alles nicht schon mehr als genug, stehen auch Riesen mit über 150 Zentimetern Wuchshöhe ebenso bereit wie Zwerge, deren kompakter Wuchs und geringe Höhe um 20 oder 30 Zentimeter sie bestens zur Verwendung in flächigen Rabatten empfiehlt.

Mir selber gelang es übrigens in keinem meiner Gartenjahre bisher, ohne Dahlien-Neuerwerbungen auszukommen. Dabei war es immer völlig gleichgültig, ob ich bereits drei, dreißig oder (wie in diesem Jahr) sogar fünfzig Knollen besaß. Zu groß ist für mich die Versuchung, mir unbekannte Sorten auszuprobieren. Zwar gibt es Lieblinge, die ich nie und nimmer mehr hergeben möchte – etwa die zartgelbe Schmuckdahlie mit den feinen rosa Nerven namens 'Chianti', die Kaktusdahlien 'Chat Noir', nachtschwarz, und 'Alain Mimoun' mit feinen Maserungen, oder die herrliche lachsrosafarbene, gelblich unterlegte Balldahlie 'Jowey Winnie'. Dieses Jahr freue ich mich besonders auf den Neuzugang 'Creme de Cassis', eine Seerosen- bis Schmuckdahlie in einem aparten Violettrosa; die Unterseite der Zungenblüten ist tiefpurpurn. Ich weiß noch nicht, wo genau ich diese Schönheit noch unterbringen soll – aber zur Not gebe ich noch die eine oder andere Knolle über den Gartenzaun ab. Es gibt schließlich so viel zu entdecken ...

Konnte ich Sie mit dem Dahlien-Virus anstecken? Gern geschehen! Betreten Sie das Wunderland dieser Blume, die einst aus dem fernen Mexiko zu uns kam und bereits von den kultivierten Azteken geliebt wurde. Aber bitte aufgepasst! Montezumas Rache kann Sie ereilen, wenn sie nicht genau hinsehen, wie hoch und üppig ihr ausgesuchter Favorit werden wird, denn die verführerischen Bildetiketten geben erst einmal nur Aufschluss über die Erscheinung der Blüte. Auch hier müssen Herz und Verstand ihre Allianz eingehen.

DIE TEMPERAMENTVOLLEN:

Montbretien

Eigentlich ist eine Blume, die so derartig feurig gefärbt daherkommt, ganz und gar nicht zu übersehen, oder? Und doch gehören auch Montbretien zu den Pflanzen, die erst ziemlich spät in mein Gärtnerleben getreten sind. In meinem elterlichen Garten jedenfalls fanden sich keine Spuren von ihr, und sollte ich in jenen Zeiten von ihr mal gelesen haben, fielen diese Wahrnehmungen wohl großflächigen Verdrängungen zum Opfer.
So richtig aufgefallen ist mir die Montbretie eigentlich erst als Schnittblume. Ich hatte nach meinem Studium ziemlich viel mit Floristik und Floristen zu tun und vor etwa zwanzig Jahren war die Montbretie eine der angesagtesten Blumen der Star-Floral-Designer. Es war die Zeit, in der die strengen Schranken der „richtigen" Farbzusammenstellungen gefallen waren. Bei den Heimtextilien fing es an – Rosa und Pink wurden mit Orange, Signalrot und Gelb ungehemmt kombiniert. Dieser Trend spiegelte sich in den Top-Kreationen der Floristen wider und bei ihren Wettkämpfen waren Ton-in-Ton-Farbharmonien eine Weile out. In dieses Geschehen passt die Montbretie aus zwei Gründen perfekt: Zum einen liefert sie die strahlenden Feuerfarben, zum zweiten sind ihre Blüten aber raffiniert und fein geformt und erschlagen ihre Nachbarn gestalterisch niemals. In kleinen Prisen eingesetzt würzen sie das blumige Geschehen in den Sträußen und in großen Gruppen sind sie farbstark und präsent, ohne allzu plakativ zu wirken. Na, bei einer solchen Farbe kann man es sich schon erlauben, nicht allzu große Blüten auszubilden.
Die Schnitt-Montbretien, die ich kennenlernte, ähnelten vom Wuchs her Gladiolen – die Blütenstände waren allerdings völlig

anders. Sie standen eher seitlich ab und an den sehr drahtigen, etwas verzweigten Stielen wuchsen röhrenförmige, tomatenrote Blüten, die eher an sehr dünne Freesien erinnerten. Es handelte sich um die Sorte 'Lucifer' – ihr halte ich noch immer die Treue. Doch nicht alle Montbretien haben so schlanke Blüten. Bei der orangeroten 'Emily MacKenzie' etwa fallen sie etwas breiter aus und haben noch mehr Ähnlichkeit mit Freesien. Wie immer, wenn mich eine unbekannte neue Blume interessiert, blätterte ich in Büchern, um herauszufinden, ob sie denn als Gartenpflanze geeignet wäre.

Bei den Montbretien fielen die Empfehlungen gemischt aus. Als größtes Problem wurde allgemein ihre labile Winterhärte erachtet. Zwar übertrifft ihre Frosthärte definitiv die der Gladiolen oder Dahlien – doch niemand wollte sich festlegen, dass sie unsere Winter stets übersteht. Hinzu kommt noch, dass Montbretien – zumindest vor etlichen Jahren – in erster Linie als Knollen im Laufe des Frühlings gepflanzt wurden. Ein Umstand, der mir die Skepsisfalten auf die Stirn trieb, denn meine Misserfolge mit ähnlichen Pflanzen wie Freesien oder Kronenanemonen waren noch lange nicht vergessen. Eines Frühlingstages aber warf ich diese Bedenken über Bord, erstand die erstaunlich preisgünstigen Knollen, pflanzte sie und wartete ab … und wartete … und wartete … Es passierte nichts. Ich nehme an, ich hatte das Pech, dass die gekauften Knollen überlagert oder zu lange bei zu hohen Temperaturen aufgehoben worden waren. Die ollen Dinger trieben einfach nicht aus.

Ich wollte diese Pflanzen gedanklich schon endgültig in meine „Besser-vermeiden"-Schublade stecken, bis mir ein oder zwei Jahre später zwei Töpfe mit blühenden Lucifers in die Hände fielen. Es war Hochsommer – logisch, denn die Montbretienblüte fällt in diese Zeit. Ich dachte mir, wenn die Pflanze schon im Gange ist, schafft sie es sicher besser, sich zu etablieren – und sollte das Experiment scheitern, habe ich ja immerhin eine Saison lang die schicken Blüten gesehen. Lucifer zog in Porta Westfalica ein in ein Hangbeet, das der Südsonne ausgesetzt war. Der Boden dort war schwer und von reichlich Steinen durchsetzt. Benachbarte Stauden wie Taglilien in diversen Rottönen, rotlaubige Purpurglöckchen, Purpurfenchel und rot blühendes Fingerkraut komplettierten die feuerfarbene Pflanzengesellschaft. Die Montbretien waren unangefochtene Stars der Rabatte. Keine andere Pflanzenfarbe glühte so stark auf. Und nach der Blüte erschienen reizende runde Früchte an den Blütenansätzen, die wie grüne Perlen dem Herbstlook der Pflanzengruppe ein apartes Gepräge gaben.

Doch dieser Gartenteil war auf Dauer angelegt und ich hatte so gar keine Lust, die Knollen der Montbretien im Herbst auszubuddeln und frostfrei zu lagern. So ließ ich es auf einen Versuch ankommen und schützte lediglich die Pflanzstelle mit einer dicken Schicht aus Laub, das eine benachbarte Linde (ja richtig!) bereitwillig auf den Boden streuselte. Im Winter sah das Laub natürlich scheußlich aus – ich räumte es ab, als die ersten Krokusse und roten Christrosen den Anfang des Frühlings einläuteten. Und dann wartete ich wieder einmal. Alle anderen Stauden zeigten durch ihren Austrieb an, dass sie den Winter überstanden hatten.

Aber wo war Lucifer?

Fast hatte ich alle Hoffnung aufgegeben – es blühten immerhin bereits die herrlich duftenden, gelben Pontischen Azaleen –, als sich kleine Blattschwerter durch den schweren Boden kämpften. Der kleine Satansbraten hatte also überlebt. Und es kam noch besser – er hatte sich vervielfältigt! Im Laufe der Wochen nahmen die beiden Montbretien-Töpfe gut und gerne das Doppelte an Platz ein wie im Vorjahr. Natürlich gab es auch doppelt so viele Blüten. Ich hatte also wieder einmal Glück gehabt und genoss die bewundernden Blicke aller Freunde, die meinen Garten im Hochsommer besuchten.

Seit diesem Sommer sind Lucifer-Montbretien in jedem meiner Gärten gesetzt, sie gehören zu meinen Must-haves. Aber ich misstraue noch immer den losen Knollen. Glücklicherweise findet man sie mittlerweile jedes Jahr als getopfte Pflanzen in den Angeboten der Gärtnereien. Hin und wieder verordne ich mir auch andersfarbige Sorten; zu reizvoll ist einfach ihr Farbenspiel. Offenbar sind Montbretien aber, je großblumiger sie blühen, umso frostempfindlicher. Und so halte ich mich an die verlässliche Lucifer, die mich noch nie enttäuscht hat. In diesem Falle ist also der Teufelsname alles andere als etwas, das Übel verheißt. Die korrekte Übersetzung von „Luzifer", der ja als gefallener Engel in die Bibelschriften einging, lautet ja auch „Lichtträger". Insofern ist er, zumindest als Blume, voll rehabilitiert.

DIE JUWELENHAFTEN:

Wild-Tulpen

Wer an Tulpen denkt, hat meist gleich einen bunten Strauß im Sinn oder erinnert sich an knallbunte Beete in Frühlingsgärten und Parks. Die betreffenden Blumen sind dann meist recht groß und stehen auf Stängeln, die zwischen 30 und 50 Zentimetern lang sind. Lange Zeit waren das auch die Tulpen, die ich in Gartenbeete gesetzt hatte. Je größer, je besser. Barocker Prunk war angesagt. Doch der Glanz war nicht so ganz zum Nulltarif erhältlich. Damit meine ich nicht die Erstehungskosten der Zwiebeln. Das hat sich seit der Zeit der Tulpenmanie vor gut vierhundert Jahren grundlegend geändert – damals waren Zwiebeln der teuersten Sorten gut und gerne so viel wert wie ein komplett eingerichtetes Stadthaus in bevorzugter Amsterdamer Wohnlage mit Grachtenblick. Heute übertrumpfen sich die ziemlich günstigen Zwiebeln gegenseitig lediglich mit ihrer Pracht. Das Problem der aktuellen großblumigen Tulpendiven besteht eher in ihren Ansprüchen. Sie brauchen ein hohes Maß an Nährstoffen, frühlingshafte Feuchte und sommerliche Sonnentrockenheit und einen leichten Boden. Ich hatte Jahr um Jahr immer wieder neue Tulpen gepflanzt, nur um feststellen zu müssen, dass sie sich nach der ersten wirklich prachtvollen Blüte in den folgenden Jahren mehr oder weniger verabschiedeten. Lediglich einige Viridiflora-Tulpen, die eine oder andere Darwin-Hybride oder Lilientulpe und (mit relativer Sicherheit) Abkömmlinge der

gedrungenen Greigii-, Fosteriana- und Kauffmanniana-Tulpen hielten länger als eine Saison durch. Außerdem lieben Wühlmäuse Tulpenzwiebeln geradezu und es ist vorprogrammiert, ganze Bestände zu verlieren, die nicht durch Draht oder Gefäße vor ihren Attacken geschützt werden. Ich verlor bald die Lust an Tulpen und wandte meine Liebe und mein Budget den Narzissen zu.

Erst als ich von einem Freund, der in einer Firma arbeitet, die mit Blumenzwiebeln handelt, ein ganzes Paket Tulpenzwiebeln geschenkt bekommen hatte und die Zwiebeln aus purer Verlegenheit in Terrakotta-Gefäße setzte, flammte meine Liebe zu diesen fantastischen Gewächsen wieder auf. Sie standen in einem durchlässigen Substrat, bekamen zur Blütezeit einen Schwung Flüssigdünger und landeten nach der Blüte an einem sonnigen Platz neben dem Gartenhäuschen. Nur bei anhaltender Trockenheit bekamen sie eine Kanne Wasser ab, damit das Laub nicht vor der Zeit vergilbte. Erst als die Blätter im Hochsommer völlig vertrocknet waren, zog ich sie vorsichtig aus dem Boden. Dann stellte ich die Gefäße unter das überstehende Dach der Laube, aber immer noch sonnig auf; so konnten die Zwiebeln in der warmen Augustsonne regelrecht ausbacken. Das Ergebnis: Viele Pflanzen haben nicht nur eine große Ersatzzwiebel gebildet, sondern auch große, blühfähige Tochterzwiebeln. Der Bestand hat sich also verdoppelt. Die Unabhängigkeitserklärung gegenüber den Niederlanden habe ich allerdings noch immer nicht formuliert – dazu gibt es zu viele Sorten, die ich im Laufe meines Lebens noch unbedingt kennenlernen möchte. Große Tulpen sind seitdem also fest vorgesehen als Schmuck für Terrassen und Balkone; lediglich die erwähnten zähen Spielarten lasse ich noch in Beeten frei.

Aber über große Tulpen wollte ich gar nicht schreiben – ja ja, wem als Gartenschriftsteller das Herz voll ist, dem fließt die Tastatur über –, eigentlich ging es mir um die kleinen Tulpenschätze.

Im Laufe eines Gärtnerlebens verändern sich die Vorlieben für Pflanzen stetig. Das ist durchaus vergleichbar mit wechselnden Lieblingsessen – ich weiß noch genau, wie ungern ich als Heranwachsender Tomaten aß, während ich sie heute geradezu liebe. Als junger Mann mochte ich in erster Linie große, prunkvolle Blumen. Ich konnte mich nicht sattsehen an der Üppigkeit der Blüten und wollte eindrucksvolle Rabatten gestalten. Mittlerweile hat sich das geändert und ich lasse mich immer stärker von den kleinen, raffinierten und feinen Blüten in den Bann schlagen. Bei Tulpen erlebe ich diesen Wandel ganz deutlich! Auch wenn ich die großen Sorten nach wie vor gern bewundere, gehört doch meine wahre Liebe den kleinen Kollegen aus der Riege der Schönheiten des Morgenlandes. Ich hatte vor gut einem Dutzend Jahren das erste Mal *Tulipa humilis* gesetzt – einen eindeutigen deutschen Namen kenne ich nicht. Meine Hoffnung war, dass sie etwas unkomplizierter wüchsen als die großen Primadonnen. Das trifft nur zum Teil zu, die Standortansprüche (durchlässiger, sommerwarmer und -trockener Boden) der Kleinen sind denen der Großblumer ziemlich gleich, wenn sie auch keinen so hohen Bedarf an Nährstoffen haben. Lediglich die heimische gelbe Weinbergtulpe *Tulipa sylvestris* toleriert etwas feuchtere (nicht nasse!) Standorte im Frühling. Nie werde ich vergessen, wie ich sie pulkweise in einem sehr schönen Kräutergarten im niedersächsischen Celle, nahe bei einem Fluss, gemeinsam mit Dichternarzissen habe blühen sehen. Beide Pflanzen wilderten sich auch jenseits des Gartenzauns aus ... aber ich schweife schon wieder ab ...

Zurück zu *Tulipa humilis*. Die kleinen Blüten hatten eine gelbe Mitte und die Blütenblätter schimmerten in einem hellen Lilarosa-Ton. Nicht schlecht, aber auch nicht wirklich spektakulär. Einen Herbst später stieß ich auf die damals noch sehr teure *Tulipa humilis pulchella* 'Albocoerulea', die zahlreiche weiße

Blüten mit einem dunkel stahl- bis tintenblauen Zentrum öffnet. In jenem Herbst ging fast das ganze Geld, das ich für Tulpenzwiebeln ausgeben wollte, für diesen Einzelposten drauf, und auch wo sie jetzt glücklicherweise etwas erschwinglicher ist, gehört sie zu den ungewöhnlichsten und schönsten Tulpen, die ich kenne. Da sie vorsorglich an einen passenden Platz gesetzt wurde, hielt sie auch zuverlässig durch.

Eine dritte Sorte aus der Humilis-Tulpengruppe bescherte mir einen magischen Gartenmoment. Sie heißt 'Persian Pearl'. Der dunkle Purpurton, der sich näherungsweise mit dem Begriff „Violettkarmesin" fassen lässt, machte mich neugierig. Wie so oft war allerdings der Frühlingshimmel bewölkt, als sich die ersten Knospen öffnen sollten. Leider fehlte es der Farbe bei dieser Beleuchtung an Brillanz; lediglich das gelbe Zentrum sorgte für eine gewisse Spannung. Einen Tag später aber schien die liebe Sonne vom blitzeblauen Himmel. Ich genehmigte mir eine Tasse Kaffee und setzte mich auf die erwärmte Steintreppe im terrassierten Garten von Porta Westfalica, um das Wetter eine Viertelstunde lang zu genießen. Neben mir, auf dem sonnenzugewandten Hang, standen

meine persischen Perlen und öffneten die Blüten sehr weit. So präsentierten sie die gelbe Kontrastfarbe besonders stark. Fantastisch glühte der Purpurton auf und funkelte wie ein Edelstein im Gegenlicht. Blütenfarben sind schwer zu beschreiben, da sie abhängig von der Beleuchtung variieren. Unwiderstehlich werden sie dann, wenn man sie einmal in unterschiedlichen Lichtstimmungen erlebt hat. Ich war rettungslos verloren ...
Und noch ein weiterer kleiner Vertreter der Tulpenriege schickt sich jetzt an, mein Herz zu erobern. Es ist die bezaubernde Wildart *Tulipa schrenkii*. Sie steht den etwa gleich hoch wachsenden historischen Duc-van-Tol-Tulpen sehr nahe; von der rot-gelben Sorte dieser Züchtungen ist *Tulipa schrenkii* nur schwer (ehrlich gesagt: für mich gar nicht) zu unterscheiden. Die kleine Wildart schlug mich bei einem Besuch niederländischer Tulpenfelder sofort in den Bann. Immerhin suchte ich auch passende Sorten für windig stehende Balkone. Gerade an Pflanzplätzen, die man aus der Nähe betrachten kann, spielt diese Tulpe ihre Reize voll aus. Bei einer Illertisser Gartenlust im Herbst brachte der Blumenzwiebelheld Gert-Pieter Nijssen diese Wildtulpen vorgetrieben mit, so dass sie blühten. Diese Holländer haben auch alle Tricks auf Lager! Ich bestaunte die Kostbarkeit und seit diesem Anblick war es mir unmöglich, diese Tulpe in meinen Schreibarbeiten und für meine Frühlingspflanzungen zu ignorieren. Wovon soll ich ihnen berichten? Von den weit geöffneten Blüten mit einem immensen Farbenspiel? Von der hübsch proportionierten kleinen Pflanze? Von dem leichten Duft nach Tulpe und Honig, der die Blüten umwehte?
Goethe sprach einst „Über Rosen lässt sich dichten, in Äpfel muss man beißen!" Ich wage zu widersprechen. Auch Blumen müssen erlebt werden. Sie brauchen sie nur zu pflanzen. Ich verspreche Ihnen, auch eine kleine Tulpe kann große Erinnerungen hervorrufen, die Sie nie wieder vergessen werden.

DIE HARTZARTEN:
Vorfrühlingsiris

Von Irisblüten kann ich einfach nicht genug bekommen. Das war schon von Anfang an so, seit ich mich für Pflanzen und Blumen interessiere. Ganz egal, ob Bartiris, Steppeniris oder Sibirische Iris – ich liebe sie alle. Der Pflaumenduftiris kann ich niemals widerstehen, obwohl sie ihre feinen Blüten oft im Laub versteckt hält. Sie verrät sich ja doch immer durch ihren süßen Duft, der tatsächlich an reife Zwetschen erinnert. Und wenn ich als Steppke durch die weitläufigen westfälischen Wiesen geradelt bin, die von Wassergräben durchzogen waren, begegneten mir im Mai stets die gelben Blüten unserer heimischen Sumpfschwertlilie. Das alles sind Iris-Arten, die als Staude wachsen. Dass es auch Iris gibt, die Zwiebeln ausbilden, war mir natürlich bekannt. Selbstverständlich hatte ich auch einmal Zwiebeln der Holländischen Iris gepflanzt, die in den 70er-Jahren in wahren Mengen als Schnittblumen die Floristikläden bevölkerten. Bei den gekauften Schnittiris war es allerdings oft der Fall, dass die Blüten sich nicht öffneten. Das lag daran, dass sie viel zu knospig geerntet wurden und ihnen dann auf den letzten Blütenmetern sozusagen die Luft ausging. Ich mochte diese Blumen aber und dachte mir, dass ich sie im Garten auf ein Schnittblumenbeet setzen und punktgenau für die Vase abschneiden könnte, wenn sich die Knospe gerade öffnete. Das war der Plan, und er war theoretisch gut. Allerdings kamen von den gesetzten zwanzig Zwiebeln nur ganze drei zur Blüte; die anderen trieben lediglich Laub. Und alle miteinander wurden später von den Winterfrösten, Wühlmäusen und vielleicht auch anhaltender Nässe niedergemacht – denn die Vorfahren der Holländischen Iris stammen aus den Sonnenregionen der Iberischen Halbinsel.

An die Vorfrühlingsiris, die ebenfalls jeden Herbst als Zwiebel zur Pflanzung angeboten wurden, traute ich mich einige Zeit nicht heran, denn ich wollte keine zweite solche Enttäuschung erleben. Doch glücklicherweise hat es mich denn doch mal wieder in den Fingern gejuckt. „*Iris reticulata*" – Netziris stand auf dem Paket. Ich riskierte den gar nicht mal so hohen Preis der Zwiebeln und setzte sie zwischen polsterig wachsende Stauden. Was habe ich gestaunt, wie früh sich diese Iris zeigten! Bereits im Februar zeichneten sich fadendünne Blätter ab, die ein breites, zugespitztes Gebilde umgaben, das sich als Knospe entpuppte. Fiel die Temperatur draußen unter 0 °C, verharrte die Pflanze im Wachstum. Bei Plusgraden, ja nachdem wie stark die Sonne schon den Boden erwärmte, streckten sich die Pflanzenteile. Rund 14 Tage später war es soweit; die hellgrüne Knospenhülle brach auf und ein purpurner Schimmer brach durch das Grün. Er umsäumte eine goldene Mittelzone. Es fror wieder und ich machte mir Sorgen um das zarte Gebilde, das gerade einmal 10 Zentimeter hoch aus dem Boden guckte und mit Sicherheit Bodenfröste aushalten musste. Doch Klein-Iris hielt sich tapfer, und als es wieder einmal etwas wärmer wurde, entfaltete sich eine äußerst filigrane, ziemlich große Irisblüte in dem satten Farbton der Knospe – auf den Hängeblättern war sie durch goldene Saftmale belebt. Schon bei dieser Irisgruppe hatte eine Knospe einen Vorsprung von etwa zwei Tagen, alle anderen blühten danach ziemlich gleichzeitig zusammen auf. Ein Phänomen, das ich oft bei diesen kleinen Kerlchen beobachten konnte.
Die Blüten halten bei kühler Witterung 14 Tage durch, doch falls die Märzsonne sich schon stärker durchsetzen kann, sind sie spätestens nach einer Woche verblüht. Selbst Krokusse sind da langlebiger. Doch offen gestanden interessiert mich die Länge eines Blütenlebens überhaupt nicht. Ich zitiere dann immer gerne einen Floristen, der einem Stoßseufzer einer wirklich schwierigen Kundin sehr charmant entgegenhielt: „Ach wissen Sie, eine derartige Schönheit hält man sowieso nicht länger als eine Woche aus." In diesem Satz steckt mehr Weisheit,

als auf den ersten Blick vielleicht auffällt. Ist es nicht die Magie eines Augenblicks, die die wahre Kostbarkeit ausmacht? Warum soll alles Schöne gleich für die Ewigkeit sein? Gibt es überhaupt ein immerwährendes, stets gleich bleibendes, makelloses Glück – oder sind es nicht eher die vielen kleinen unvergesslichen Momente, die unserer Seele auch lange nach dem eigentlichen Geschehen den Balsam verabreichen, den sie immer wieder braucht? Gerade ein Garten lebt doch vom steten Wandel, bei dem sich langlebige und dauerblühende Pflanzen mit Gewächsen, die nur ein kurzes Gastspiel geben, abwechseln! Alles hat doch seinen Platz, seine Berechtigung und seine eigene Schönheit. Die kurzlebigen Irisblüten jedenfalls möchte ich um keinen Preis missen.

Bei meiner ersten Iris-Gruppe ärgerte ich mich nur, dass ich nicht mehr gesetzt hatte. Ich war nach dem Abblühen wirklich entzückt über die sehr lang auswachsenden, straffen Blatthalme und stellte mir vor, wie es wohl aussehen würde, wenn ein ganzes Frühlingsbeet aus niedrigen Pflanzen von diesen Strippen durchsetzt wäre. Ganz zu schweigen von den dann vorher zahlreich erscheinenden Blütentrupps. Seither pflanze ich die kleinen Zwiebeliris nicht unter Zahlen von dreißig Stück.

Mit der Zeit fand ich heraus, dass es eine ganze Reihe sehr hübscher Züchtungen der feingliedrigen Vorfrühlingsiris gibt. Ihre Farbpalette umfasst alle Purpurtöne, wahlweise mit weißen oder gelben Maserungen, aber auch klares Blau, funkelndes Violett und eisiges Gletscherblau. Eine besonders extravagante Sorte hört auf den Namen 'Katherine Hodgkins'. Sie hat einen zartblauen Grundton, der grünlich durchstrahlt ist. Als Dame von Welt verzichtet sie außerdem nicht auf ein auffälliges, unerhört exotisch wirkendes Tupfenmuster im Leo-Look. Das ist etwas für Pflanzgefäße, denn solche Blüten müssen aus der Nähe bewundert werden.

Dennoch, ich gebe es zu, sind mir die purpurnen Vorfrühlingsiris nach wie vor die liebsten. Vergangenes Jahr stromerte ich durch die nahe gelegene Gärtnerei und stieß auf ein Sonderangebot reich blühender Netziris. Längst werden sie als blühende Zwiebelpflanze meist zu dritt in einen Topf gesetzt angeboten. Ich zählte mein wie immer knappes Kleingeld und beschloss, die gesamte Partie zu kaufen – es waren 23 Töpfe. Da es aber im Februar 2012 bitterkalt fror, konnte ich sie noch nicht in den neu erworbenen Garten setzen; das wäre doch gemein gewesen. So stellte ich sie in das helle Treppenhaus, wo sie alle innerhalb weniger Tage aufblühten. Und ich erlebte eine Überraschung, die mir bisher entgangen war: Das ganze Haus duftete nach ... Veilchen. Ja, auch beim Pflanzenduft findet sich Mimikry! Erst als dieser Blütenrausch vorbei war, besserte sich das Wetter und die ganze Bagage zog um in den Garten an den Rand des Beetes, das von einem Pflaumenbaum beherrscht wird. Jetzt, wo ich diese Zeilen schreibe, ist es wieder Februar. Alle meine wackeren Irishelden vom letzten Jahr schieben zuverlässig ihr Laub und ihre Knospen durch die Erde – die ersten Schneeglöckchen öffnen sich bereits in ihrer unmittelbaren Nachbarschaft. Ich beschließe, wenn sie blühen, mich vor ihnen flach auf den Boden zu legen, den Duft einzuatmen und erleichtert festzustellen, dass das Schlimmste vom Winter hinter uns liegt ...

VOLL ELEGANT:

Edelrosen wie 'Wedding Bells'

Die Rosen meiner Kindheit und Jugend — zumindest die, die ich zunächst kennengelernt habe, waren Edelrosen. In jedem Garten standen sie und für mich waren diese Pflanzen mit ihrem Segen und ihren Flüchen erst einmal die Prototypen von Rosen. Ich konnte mich nie satt sehen an den hoch gewickelten Knospen, die sehr langsam aufblühten und dabei immer ihre elegante Form behielten. Solche Rosen standen natürlich auch in unserem Garten in den 70er-Jahren. Da die Sortenvielfalt zumindest in Westfalen noch lange nicht so explodiert war wie heute, handelte es sich um ein Spiegelbild der gängigen Top-Züchtungen.

Wir nannten zuerst die allgegenwärtige gelbe, rosig angehauchte 'Gloria Dei', die stark duftende, gelb-orange durchzogene 'Sutter's Gold', die weiße 'Virgo', die schwarzrote 'Norita' und die lachsrote 'Super Star' unser eigen, ehe ich selbst in das Geschehen eingreifen konnte. Besonders 'Super Star' liebte ich heiß, denn die Blütenform, die leuchtende Farbe und der fruchtige, sehr angenehme Duft machten sie für mich zu einem Idol an Rose. Über den staksigen Wuchs der Edelrosen machte ich mir erst einmal keine Gedanken. Dieser fiel mir erst auf, als eines Tages meine Mutter in Verlegenheit war und ein Mitbringsel

für Karin, die damalige Verlobte und spätere Ehefrau meines ältesten Bruders Martin, suchte, bei der sie zum Kaffeetrinken und vermutlich näherem Kennenlernen eingeladen war. Just an diesem Tag schickte sich auf einem sehr langen Stiel eine perfekt geformte 'Super-Star'-Knospe zur Entfaltung an. Ich hatte mich lange auf diese Blüte gefreut, denn unsere Rosen wuchsen nicht gerade üppig – kein Wunder bei dem Sandboden und der damals alles andere als fachkundigen Pflege. Da meine Mutter alle Rosen in jenen Jahren im Frühling stets sehr kurz zurückgeschnitten hat, steckten diese alle Kraft in zwei bis vier Austriebe und entwickelten zwar malerisch schöne Blüten, geizten aber mit diesen. Mein entgegengefieberter Blütenhöhepunkt fiel also meiner angehenden Schwägerin in die Blumenvase ... und ich war am Boden zerstört. Um einen beeindruckend langen Stiel zu bekommen, beließ Mütterchen nämlich nur zwei Laubblätter dieses Triebes an der Pflanze. Entsetzlich! Frühestens nach sechs Wochen war wieder mit einer neuen Knospe zu rechnen.
Dieses Trauma saß tief. So tief, dass ich wieder einmal alle Rosenbücher, derer ich irgendwie habhaft werden konnte, sammelte, meine Lieblings-ABBA-Platten auflegte und mich stundenlang in die einschlägige Literatur vertiefte. Dafür hatte ich sogar ein für meine Verhältnisse sehr teures Werk in einer Gütersloher Buchhandlung bestellt und es an einem äußerst ungemütlichen Regentag per Bus und langer Lauferei in einer Nachmittagsaktion dort abgeholt. Der Autor war Dietrich Woessner und ich habe es heute noch. Der zweite Rosenratgeber, ein äußerst lesenswertes Taschenbuch, stammte aus der Hand von Karl-Heinz Hanisch und den dritten für mich maßgeblichen Ratgeber hatte Oskar Scheerer geschrieben. Natürlich konzentrierte ich mich erst einmal auf Edelrosen und ich lernte rasch, was man alles bei Rosen falsch machen kann. Und wir hatten nahezu alles falsch gemacht ...
Doch ich bekam meine Chance. Nach einer größeren Rosenaktion im Vorgarten, von der im folgenden Beitrag die Rede sein

wird, durfte ich auch den Bestand an Edelrosen im Garten aufstocken. Das war zusätzlich begünstigt durch die Tatsache, dass meine Eltern das direkt benachbarte, ungenutzte Grundstück pachten konnten. Zusammengelegt mit dem bereits am Hause befindlichen Gärtlein wurde es zu einer halben Parklandschaft umfunktioniert. Kühne Träume ließen sich nun verwirklichen! Zu ihnen zählte ein großer „römischer Brunnen" mit zwei Auffangschalen über dem betonierten Basis-Bassin. Er wurde von einem ringförmigen Beet und höfisch anmutenden Edelrosen umrahmt: Die dunkelrote 'Erotica' und die zartrosa 'Sylvia' sorgten für echte Begeisterung. Weitere Beete wurden gesäumt durch 'Carina' (kirschrosa), 'Königin der Rosen' (lachsrot mit goldener Rückseite), 'Whisky Mac' (bernsteingolden), 'Lady Rose' (lachsrot) und 'Tiffany' (rosa, golden durchstrahlt). Ich war glücklich und schwelgte in meinen Rosen. Allerdings nur solange, bis sie anhaltend von Pilzen befallen wurden. Vor allem Sternrußtau raffte das Laub in sortentypisch unterschiedlichen Geschwindigkeiten dahin und ist seither mein Schreckgespenst im Rosengarten (später kam noch ein größerer Organismus namens Wühlmaus dazu). Pflanzenschutz-Spritzmittel kamen gar nicht infrage, und so selektierte die grassierende Pilzkrankheit brutal meine erste Rosenkollektion, in die ich so viel Liebe gesteckt hatte. Unser hauseigener Schredder amortisierte sich bei den Entfernungsaktionen vieler Stöcke.

Nur wenige Sorten überstanden diese Epidemie, aber auch sie zeigten spätestens ab September deutliche Blößen durch Laubfall. 'Erotica' hielt sich wacker. 'Duftwolke', die im Vorgarten stand, ebenfalls und 'Tiffany', die allerdings kaum jemand kennt.

Um es offen zu sagen – ich war von Rosen, besonders von Edelrosen, als Gartenpflanze frustriert und verlor die Freude an ihnen. Und ich war abgelenkt, denn die Berufsausbildung stand an. Ich lernte zuerst das ehrenwerte Handwerk der Gastronomie. Dann stieg ich aber beruflich um und absolvierte ein gärtnerisches Praktikum in meiner Heimatstadt, ehe ich das Gartenbaustudium in Hannover anpeilte.

Jahre später, ich stand bei der Gütersloher Medienfabrik als Redakteur in Lohn und Brot, flammte meine Liebe zu Edelrosen wieder auf. Ich lebte in einer Doppelhaushälfte im westfälischen Rietberg und es galt, einen völlig kahlen Garten zu bestücken. Freie Bahn also für Königinnen der Gärten! Und wie hatte sich das Angebot in den derzeit verflossenen Jahren doch gewandelt! Es war die cremegelbe 'Elina', die mir den Glauben an die Edelrosen wiedergab. Noch heute zählt diese Sorte zu den gesündesten ihrer Klasse. Mit den ebenfalls pilzkrankheitskrisenfesten Noack-Sorten 'Focus' (lachsrosa) und 'Ambiente' (cremegelb), die beide ausgesprochen kompakt wuchsen, standen weitere fitte Sorten parat. Mittlerweile ist die Auswahl blattgesunder Edelrosen stark gewachsen und setzt sich wie ein Puzzle aus Züchtungen unterschiedlicher Häuser zusammen. Edelrosen machten wieder Spaß!

Doch es gab wieder Anlass zum Nörgeln. Mir passte die Blütenform vieler neuer Edelrosen nicht besonders. So begann eine neue Suche nach Edelrosen, die ihren Namen auch verdienten. Wo waren die Sorten, die mit großer Geste ihre Blüten entfalten und trotz guter Blütenfüllung nie die Fasson verlieren? Entweder waren sie nur sehr locker mit Blütenblättern besetzt – die lange verstorbene Rosenkennerin Alma de l'Aigle nannte schon vor fünfzig Jahren diese Blüten „Hohlköpfe". Oder die Blüten waren zu voll und damit schnell unförmig. Über die banale Blütenform der bei vielen Rosenfreunden so beliebten Sorte 'Nostalgie' möchte ich mich gar nicht erst auslassen. Sind „echte" gesunde Edelrosen out?

In Sommer 2012 erst machte ich die Bekanntschaft mit der so gut wie nicht mehr zu ergatternden alten Edelrose 'Kordes Perfecta'. Der Rosenspezi Michael Wald aus Landsberg hatte eine einzige Pflanze bei der Illertisser Gartenlust auf seinem an Raritäten reichen Angebotstisch. Ich kannte diese Sorte bis dato nur aus Büchern, schon in meiner Jugend wurde sie kaum noch verkauft. Immer erschien sic mir unerreichbar – und nun war sie nur einen Griff auf den Tisch und einen Griff ins Portemonnaie weit entfernt. Es war klar, was nun passierte – aber noch schwankte ich. Sicher gehört ja auch 'Kordes Perfecta' zu den Sorten, die nicht gerade sicher vor Blattfallkrankheiten sind, auch bei hingebungsvoller Pflege. Doch der Herr Wald wusste Rat. Er hat Erfahrung mit den kränkelnden Schönheiten und pries als Pflanzenstärkungsmittel ein Extrakt namens „Vitanal" an. Normalerweise wäre das für mich Skeptiker sofort ein Signal zum geordneten Rückzug. Aber Vitanal kannte ich bereits. Es hat mir bei meiner zauberlieben 'Stanwell Perpetual' schon mal aus der Patsche geholfen – davon später mehr. Ich fasste darum Vertrauen, orderte gleich drei Flaschen Vitanal dazu und trug die reich mit Knospen bestückte Pflanze wenige Tage später in meinen Garten.

Dann öffnete sich die erste Blüte dieser Sorte: Cremegelb mit einem ausgeprägten rosa Anflug. Der Duft war unerwartet stark – gleichzeitig fruchtig weiß und rosig. Getoppt wurde das nur von der Blütenform. Zum Niederknien! Trotz der sehr starken Füllung behält sie während ihres sehr langen Blütenlebens (am Strauch und in der Vase) stets die hochedle, leicht sternig ausgespitzte Form. Die Schnittblumen, die ich in jenem Jahr noch in die Vase stellen konnte, waren allesamt atemberaubend. Ich heimste viele Komplimente für meinen guten Rosengeschmack ein. Doch in den Besitzerstolz mischte sich etwas Wehmut. Zum einen kann ich diese Sorte gar nicht wirklich empfehlen, selbst wenn ich Vitanal dazu verschreibe, denn es werden nur sehr wenige von ihr gehandelt. Selbst Herr Wald hat sie nicht immer im Programm. Hinzu kommt, dass solche vollendeten Edelrosen-Blüten offenbar heute nicht mehr gezüchtet werden – mit gesunden Blättern, versteht sich. Ist ein solches Schönheitsmaß aller Edelrosendinge wirklich nur noch Vergangenheit?

Doch ich will nicht ungerecht sein, denn ich hatte ja schon ausgesprochen schöne Edelrosen im Garten.
Ich verliebte mich vor einigen Jahren nämlich in einige Sorten des französischen Züchters Adam. Entdecken durfte ich sie beim Rosenhof Schultheis. Die schönsten von ihnen sind die intensiv duftende, kräftig wachsende 'Vedette' in schimmerndem Lachsrosa, das oft gelblich unterlegt ist. Ein eleganter Muntermacher ist 'Leo Ferré'. Sie duftet zwar nicht besonders stark, aber die gelben Blütenblätter haben einen wunderbar klar abgegrenzten, roten Rand. Und ebenfalls nahezu duftlos, aber hochelegant blüht die samtig dunkelrote 'Velvet Alibi'. Den Vogel schoss aber der ebenfalls französische Züchter Dorieux ab mit seiner klar weißen, sehr stark duftenden 'Annapurna'. Bei all diesen Sorten treten Blattkrankheiten erst sehr spät im Jahr auf und sind tolerabel. Also war alles fest in französischer Hand? Haute Couture schien auch bei den Rosen eine Domäne dieses für seine Ästhetik berühmten Landes zu sein.
Dann aber kam ich ins Gespräch mit Thomas Proll, dem Züchtungsleiter der deutschen Rosen-Traditionsfirma Kordes. Da ich noch etwas Platz im Garten zum Testen hatte, kamen wir überein, dass ich mir mal seine sehr krankheitsfesten Neuheiten in eigener Obhut ansehen sollte. Ich setzte also große Hoffnungen in 'Grande Amore' (rot), 'Souvenir de Baden-Baden' (zartrosa), 'Eliza' (pink), 'Sunny Sky' (warm gelb) und 'Wedding Bells' (tiefrosa). Auch diese sehr vitalen, gesunden Rosen gefallen mir gut, dennoch lagen die exquisiten Französinnen eine Blütenblattbreite in Führung – zumindest ehe ich alle Holsteiner Deerns das erste Mal aufgeblüht in natura gesehen hatte. Ziemlich nahe an die Idealvorstellung einer gelben Edelrose kam bereits eine halbgeöffnete 'Sunny Sky', deren Blüte dann aber etwas abflachte. Doch ausgerechnet die letzte der Kordes-Rosen, die in meinem Garten aufblühte, erwies sich als Überraschungserfolg: 'Wedding Bells'! Sie zeigt zwar gewöhnlich erst relativ plumpe, nahezu eiförmige Knospen und ich strich sie schon gedanklich von der Liste meiner Aspirantinnen für das Edelrosen-Schönheitskönigin-Krönchen. Doch sowie

sich die Blüte etwa ein Viertel weit geöffnet hat, ordnen sich alle Blütenblätter in schönster Vollendung an. Wie spitz zulaufende Dachziegel legten sie sich übereinander und die voll erblühte Rose ist zwar sehr groß, aber keineswegs klobig, sondern magisch schön. Da macht es mir gar nichts aus, dass ihr Duft nur leicht weht und die Pflanze ziemlich hoch wird. Im Gegenteil – so bekomme ich langstielige Blüten für die Vase. Ich versöhne mich dadurch, dass ich sie nun habe, nun restlos mit den nicht ganz so oberedlen Edelrosen – denn eigentlich liebe ich sie sowieso alle! Und wenn sie denn doch mal kränkeln, habe ich ja noch Vitanal ... Das ist aber ausschließlich den Edelrosen vorbehalten: Nur Primadonnen verzeihe ich es, sollten sie mal indisponiert sein.

DIE UNERMÜDLICHEN:

Beetrosen wie ‚Garden of Roses'

Die im 20. Jahrhundert stark favorisierten Beetrosen sind in den vergangenen zwei Jahrzehnten ein wenig ins Hintertreffen geraten. Neben den Edelrosen dominierten sie im letzten Jahrhundert jahrzehntelang öffentliche und private Pflanzungen, denn keine andere dauerhafte Gartenpflanze blüht so reich und farbwirksam wie sie. Abgelöst wurden Beetrosen durch die meist kleinblumigen, weniger aufrecht wachsenden so genannten „Bodendeckerrosen". Diese kamen verstärkt in den 80er-Jahren auf und waren deutlich blattgesünder als alles bisher Dagewesene – sieht man einmal von Einzelfällen ab. Vermutlich war die mangelnde Resistenz vieler Beetrosen der Grund, warum sie im Lauf der Jahre immer unbeliebter wurden. Ich kann das absolut nachvollziehen, denn meine ersten Erfahrungen mit ihnen waren zuerst ein Triumph, mündeten dann aber in ein Fiasko. So richtig in Schwung kamen meine Erfahrungen mit Rosen nämlich, als meine Eltern beschlossen, den Vorgarten umzugestalten. Südseite, Sand – aber so groß, dass er nicht allzu versiegelt von Asphalt und Beton dastand. Heute würde ich dort keine Rosen mehr setzen, sondern eine Pflanzung aus Stauden und Gehölzen anlegen, die derartige mediterrane Bedingungen besser vertragen. Doch Mutter und Vater waren sich einig, mir diese Spielwiese für Rosen bereitzustellen. Da traf es sich gut, dass einige Wochen zuvor ein Ehepaar zum elterlichen Freundeskreis gestoßen war mit verwandtschaftlichen Verbindungen zu einer Rosenschule im Ruhrgebiet. Mein stets sehr sparsamer

Vater fädelte einen kostengünstigen Deal ein, denn schließlich fasste der Vorgarten locker 120 Pflanzen. Und das Beste: Väterchen beauftragte mich, die Pflanzen auszusuchen … und natürlich auch, die Ideen in die Tat umzusetzen. Ich war so stolz!
Es schloss sich eine rund vierwöchige Planungsphase an, in der ich Sortenbeschreibungen aus Katalogen und Büchern miteinander verglich. Bis heute tue ich mich schwer, wenn es darum geht, aus unbekannten Rosensorten die wirklich besten herauszufiltern. Und damals kannte ich wirklich so gut wie keine Rosensorte, abgesehen von den paar Edelrosen im hinteren Garten.
Aber die Sortenauswahl ist ja nur das eine Problem. Weit wichtiger, wenn auch weit unbequemer war die Vorbereitung des Pflanzplatzes. Der Pflanzzeitpunkt fiel in den ausgehenden Oktober. Die Rosen waren bereits bestellt. So landete an einem bewölkten Septembertag eine komplette Anhängerladung Mist von einem befreundeten Bauern aus Harsewinkel als großer Haufen in unserer Einfahrt.
Das erste Mal in meinem Leben beschlich mich das Gefühl, mich gründlich übernommen zu haben. Klar, es mussten Humus und Nährstoffe in den kargen Boden eingearbeitet werden. Aber wie sollte ich unerfahrener Vierzehnjähriger das zuwege bekommen? Ich schnappte mir also eine Schaufel und verteilte den rinderbürtigen Segen erst einmal auf die bereits komplett pflanzenfreie (Nein, stopp! Drei bereits knapp zwei Meter hohe Zuckerhutfichten hielten noch die Stellung.) Fläche. Was ich bis dato nicht wusste: Mist ist mit Stroh versetzt. Und so lässt sich das Ganze nur sehr schlecht mit dem Spaten in den Boden einarbeiten. Und besonders ideal ist das auch nicht für Pflanzenbeete … heute würde ich nur strohfreien, abgelagerten Pferdemist akzeptieren. Der große Tag brach an und die Rosen trafen ein. Der Mist war – so hoffte ich – im Boden schon so weit verrottet, dass er nicht mehr schaden konnte. Ich jubelte laut auf, als ich die Namensschilder las: 'Schneewittchen', 'Lichtkönigin Lucia',

'Friesia', 'Lilli Marleen', 'Duftwolke' und … 'Träumerei'. Nanu? Die hatte ich doch gar nicht bestellt! Die lachsfarbene 'Träumerei' war der Ersatz für die rosa 'Pariser Charme', die wohl vergriffen war. Welch ein ungebührlicher Eingriff in meine Entscheidungshoheit! Und dann noch nicht einmal abgesprochen! Nun ja – ich pflanzte kleine und große Gruppen, hier und da unterbrochen vom damals modischen Blaugras und Lavendel. Alles wurde angegossen und eingewintert und ich freute mich auf die erste Blütezeit im folgenden Juni. Um es vorweg zu nehmen – sie war ein Riesenerfolg!

Aber nur ein, zwei Jahre lang.

Meine Rosen wurden nämlich im Laufe der Zeit fast alle krank. Das lag zum Teil sicher an meiner ungenügenden Bodenpflege. Ich gab nämlich alles Gartengeld für Pflanzen aus und ignorierte die Idee, dass Rosen auch gedüngt werden wollten.

Fatal war aber auch, dass mein erster Rosenenthusiasmus in eine Zeit fiel, in der Blattgesundheit noch nicht ganz oben auf der Liste der Ziele der Rosenzüchter stand. Verzweifelt sah ich zu, wie eine Sorte nach der anderen sich verabschiedete. Als erstes gab die samtig dunkelrote 'Lilli Marleen' auf, die mir doch als so unverwüstlich empfohlen wurde. Sie ließ mit dem letzten Blütenblatt des ersten Flors bereits ihre Laubblätter fallen und stand spätestens Ende Juli kahl da. Ein weiterer Blindgänger war die an sich sehr hübsche 'Träumerei', die sich ebenfalls entrüstet entblätterte. Die zitronengelbe 'Friesia' fror in einem harten Winter irreversibel zurück, aber irgendwie war sie sowieso nie „meine Rose". Der Tag, an dem mir klar wurde, dass auch die zwischen Strauchrose und Beetrose rangierende weiße 'Schneewittchen' auf Dauer nicht zu halten war, war ein schwarzer Tag. Die Pflanzen bauten sich im Juni immer fantastisch

auf und blühten sehr reich und schön, standen aber ab August blattlos da. Ich wusste zwar, dass man mit Spritzungen von Fungiziden hätte dagegenhalten können, doch das kam mir in meiner Öko-Latzhosen-Zeit auf keinen Fall über die Schwelle. (Latzhosen trage ich nicht mehr – aber mit der Pharmaküchen-Industrie stehe ich heute noch auf Kriegsfuß.)
Ich suchte Alternativen und fand diese in Pflanzen, die mit dem Standort besser zurechtkamen. Der Vorgarten wurde nun nach und nach mit Bartiris, Taglilien, Ginster, Astern, Hornkraut und Ähnlichem bestückt. Aus purer Verzweiflung pflanzte ich sogar eine Korkenzieherhasel, obwohl ich diese Pflanze besonders im Sommer abscheulich finde. Die korallenrote Edelrose 'Duftwolke' und die sonnengelbe Strauchrose 'Lichtkönigin Lucia' hielten als einzige Rosen in Pulks noch tapfer die Fahne hoch … immerhin war das heimische Entrée wieder ansehnlich.

Schätzungsweise war ich nicht der einzige Rosenfreund mit einem solchen Frust. Doch ähnlich wie bei den Edelrosen war es ein Segen, dass ich eine zeitlang Rosenabstinenz halten musste, ehe mich das Rosenvirus wieder befallen konnte. Denn auch oder gerade bei Beetrosen hat sich züchterisch sehr viel getan. Spätestens ab der Jahrtausendwende stehen nun kerngesunde Sorten dieser Rosenklasse in so ziemlich allen Farbschlägen zur Verfügung. Als besondere Meister ihres Züchtungsfaches möchte ich die Häuser Noack und Kordes rühmen. Ich kann und will die Namen der besten Sorten hier gar nicht alle aufzählen, sondern konzentriere mich auf die, die mir am nächsten am Herzen liegen.

Das segensreiche Wirken des Rosenzüchters Noack beobachte ich mit besonderer Freude. Schließlich stammt er ebenfalls aus Westfalen – sein Betrieb liegt nur rund 13 Kilometer von meinem Heimatort entfernt. Und außerdem war er derjenige, der

sehr früh am konsequentesten blattgesunde Sorten entwickelte. Damit war er so erfolgreich und wegweisend, dass auch Kordes und andere Züchterhäuser dieses Züchtungsziel als oberstes ausriefen und mittlerweile ebenfalls ausgezeichnete Sorten anbieten können. Locker gefüllte Beetrosen haben es bei der derzeitigen Nostalgieblütenwelle schwer, doch Noacks orangefarbene, nach Apricot verblühende 'Westzeit' ist ein echtes Juwel und ein eigenes Beet wert. Allerdings verlangt sie einen aufmerksamen Winterschutz durch Anhäufeln. Dafür blüht sie aber über gesundem Laub wie kaum eine zweite. Deutlich eleganter, aber aus dem gleichen „Stall" kommt die hell aprikotfarbene, gelegentlich ins Elfenbein und Ockergelb spielende 'Hermann Hesse' daher. Sie übersteht Pilzattacken ebenfalls gelassen, doch die Blüten mögen keinen starken Regen … dafür duften sie gut.
Wie bei den modernen Edelrosen hat auch bei den Beetrosen in meinen Augen Kordes die größte Auswahl gesunder Sorten. Wo soll ich anfangen? Ach, wissen Sie was – schauen Sie doch einmal den Katalog durch, achten auf die Höchstbewertungen hinsichtlich der Blattgesundheit und suchen sich selbst ihre zehn Allerschönsten aus. Ich beschränke mich hier nur auf eine einzige – und das hat seine Gründe.
Die Rede ist von 'Garden of Roses'. Es handelt sich um eine sehr kompakt wachsende Pflanze mit selbstverständlich kerngesundem Laub. Die unermüdlich hervorgebrachten Blüten sind ziemlich dicht gefüllt und changieren in einem weichen, zarten Rosaton. Manchmal sind sie gelblich getönt, manchmal rein Apfelblütenrosa – und immer sehr gefällig. Benannt wurde sie nach dem gleichnamigen Betrieb in Spenge nahe Bielefeld, der von der rührigen und liebenswürdigen Rosenkennerin Jeanette Griese konzipiert und betrieben wird. Sie plant, pflanzt und pflegt Gärten unter der Voraussetzung, dass Rosen in ihnen wachsen (sollen). Durch ihre freundschaftlichen Kontakte zu Thomas Proll von Kordes kam die Namensidee zustande. „Ihre" Rose wurde übrigens sehr hoch prämiert! Sie heißt zwar aus Marketinggründen in Großbritannien 'Joix de Vie', räumte aber 2011 die Auszeichnung „Rose of the year" ab, die von der ehr-

würdigen Royal Horticultural Society vergeben wird. Die Schauspielerin Judi Dench (James Bonds „M") überreichte, nun geoutet als Rosenkennerin, dem Züchter die Trophäe. Zu Recht, denn selten gab ein Rosenname ein Versprechen ab, das so zuverlässig gehalten wird. Oder sollten wir vielleicht sagen: Sie hat die Lizenz zum Dauerblühen?

ZÄHE ANMUT:
Wildhafte Histörchen wie 'Stanwell Perpetual'

Manchmal bin ich ein echter Spätzünder. Naja, eigentlich ziemlich oft. Um ehrlich zu sein, ist dieses Phänomen ein roter Faden in meinem Leben. Dieses Charakteristikum ist auch bei meinen Rosenentdeckungen klar erkennbar. Der Beweis ist 'Stanwell Perpetual'.
Irgendwie lief dieser Abkömmling der Bibernell-Rosen, der als einziger seiner Abstammung mehrfach im Jahr blüht, immer mal wieder über meinen Literaturweg. Auch fast alle Rosenschulen, bei denen ich gern auf der Suche nach dem Schönsten und Besten, was das Sortiment aufzuweisen hat, bin, führen sie. Und dennoch beschäftige ich mich erst seit wenigen Jahren mit ihr.
Es war ein Spätsommertag, als ich ihr das erste Mal begegnete. Ich hielt mich bei Dieter Gaissmayer auf und fotografierte in seiner schönen Gärtnerei, um mein Archiv an Aufnahmen von Stauden aufzustocken. In seine Pflanzungen hat Dieter auch hier und da Rosen eingestreut. Und am Zaun stand ein etwa drei Jahre alter Strauch mit äußerst fein gefiedertem Laub, zähen Stielen und sehr zart roséfarbenen, mittelgroßen, dicht gefüllten Blüten, die sich geöffnet flach wie große Schmuckgemmen präsentierten. Der anmutig ausschwingend wachsende Strauch sah aus, als hätte jemand die Blüten einzeln, aber zahlreich ideal

aufgelegt. Außerdem dufteten die Blüten noch – nicht wirklich stark, nicht wirklich süß, nicht wirklich herb ... also unwirklich angenehm. Als ich in Dieters Büro kam, fragte ich ihn nach der Sorte. „Hey, das ist 'Stanwell Perpetual'", sprach er. „Bei der Gelegenheit: Wir wollen morgen ein Rundschreiben in die Druckerei bringen, in dem für den Herbst auch ein paar Rosen angepriesen werden sollen, die wir anbieten. 'Stanwell Perpetual' ist mit dabei. Bub', sei doch so gut und schreibe noch mal eben die Texte ...". Dieter ist bekannt für seine Spontaneität in diesen Dingen. Und er gehört zu den Menschen, denen ich auf keinen Fall einen Wunsch abschlagen kann – mehr als einmal hat er mir sehr als Freund beigestanden, ganz zu schweigen von seiner Großzügigkeit, wenn es darum geht, mir Pflanzen zuzuschustern. So aktivierte ich mein bis dato angelesenes Wissen um diese offenbar supergesunde, robuste Rosensorte, holte mir noch per Telefon Informationen von Heino Schultheis, einem lieben Freund und Rosenspezialisten, und textete fröhlich vor mich hin, wobei ich noch zweimal zur Pflanze hinausstürmte, um meinem Enthusiasmus die passenden Adjektive beizusteuern.

Nun hatte ich aber ein Problem. Immer wenn ich begeistert von einer Pflanze bin, möchte ich sie selbst kennenlernen. Der begrenzende Faktor war allerdings meine Wohnsituation in jenen Tagen. Ich lebte mittlerweile auf sehr kleinem Fuß. Sozusagen auf der Fußspitze einer Ballerina. An einen Garten war gar nicht zu denken. So blieb es erst bei Träumen der Rosen gewordenen Anmut. Ich träumte von einer Hecke aus „Stanwells" – eingebettet in den alten Werbespot einer Tabakfirma mit dem Motto „Drei Dinge braucht ein Mann: Feuer, Pfeife, Stanwell". Ich träumte von feinen Porzellanvasen mit zwei, drei Zweiglein dieser Blumen auf dem Schreibtisch. Eines Tages erschien mir visionär Aphrodite in der Manier von Bottichellis „Geburt der Venus". Über die Göttin regneten statt der vom Renaissance-Meister gemalten Alba-Rosen 'Stanwell Perpetual'-Blüten und begleiteten die Vorstellung der Ankunft von Liebe und Schönheit. Immer wieder Herzschmerz pur. Unerfüllbares Sehnen ...

Dieser Frust wurde noch verstärkt, als ich auf einem Gartenmarkt, auf dem auch Heino Schultheis ausstellte, 'Stanwell Perpetual' wiedertraf. Die quirlige Rosenfreundin Karin Nitschack, die ich viel zu selten sehe, kam stolz mit einer Hochstamm-Pflanze auf mich zu – fein gefiedert belaubte, mit rosigweißen Blüten besetzte 'Stanwell Perpetual'-Zweige wippten kaskadenförmig um den geraden Stamm und das goldblonde Haar der stolzen Besitzerin. Das grünäugige Gespenst des Neides und der Eifersucht geisterte durch meine Eingeweide, stieg auf in meinen Kopf und wurde nur von der Freundschaft zu Karin und meiner guten Erziehung in Schach gehalten. Dieser Stanwell-Stamm war der einzige seiner Art, den Heino dabei gehabt hatte ... erneut waren Tugenden wie Verzicht und Entsagung gefordert. Doch ich wäre nicht ich selbst, würde ich in einem Pflanzendilemma keine Lösung finden. Ich beredete meinen Münchner Vermieter, in dessen Wohnung ich ein WG-Zimmer innehatte, auf dem wirklich winzigen Balkon Pflanzen verteilen zu dürfen. Nach zähem Ringen um Quadratmeter und Ausstattung (... ich schlug drei Kübel und drei am Geländer zu befestigende Kästen heraus ...) stand die vermeintlich schwierigste Aufgabe an: Wie sollte ich nun einen solchen Hochstamm bekommen? Ich beschloss, im kommenden Herbst Heino um eine wurzelnackte Pflanze anzugehen. Aber es kam viel besser!

Wie jedes Jahr am zweiten Septemberwochenende fand wieder die Illertisser Gartenlust in Dieters Gärtnerei statt. Heino Schultheis war mit von der Partie ... Sie ahnen es schon: Er hatte wieder einen Stanwell-Hochstamm dabei. Ich schwärmte ihm davon vor, hatte aber in diesen Wochen leider kein Budget dafür mehr frei. Doch ich hatte die Rechnung ohne die launischen Kunden von Heino und ohne dessen Liebenswürdigkeit gemacht. Zu meiner größten Überraschung interessierte sich niemand für diesen schönsten aller Hochstämme. Und als Heino seine Restbestände nach der Veranstaltung in seinen großen LKW verräumte, verstaute er die Stanwell nicht, sondern brachte sie zu mir. Mit seiner typischen knurrigen Freundlichkeit und einem augenzwinkernden „... na los, nimm's mit ..." drückte er mir die Pflanze in die Hand.

Unerwartete Freude – Glückseligkeit pur! In München auf meinem Balkon angekommen, topfte ich meinen Schatz sofort in ein großes Gefäß mit sehr guter Erde um und freute mich bis weit in den Dezember – ja, Sie haben richtig gelesen – an den Blüten. Allerdings war mein Vermieter blind für diese Schönheit. Als militanter Buddhist (so was gibt es) lehnte er sowieso alles „Äußerliche" ab.

Aber mir war das egal. 'Stanwell Perpetual' gilt als sehr winterhart und so schützte ich nur die Veredlungsstelle der Krone des Bäumchens durch Jute vor Frost. Trotz des recht ruppigen Winters überstand die Pflanze gelassen alle Wetterkapriolen. Die Pflanze trieb aus allen Knopflöchern aus und stand bereits Anfang Mai in schönster Blüte und hörte nicht auf, bis das Jahr wieder endete.

Doch die Story ist noch nicht zuende. Nach dem ersten kompletten Sommer in Stanwell'scher Begleitung zog ich im Oktober von München nach Bielefeld. Und – oh Wunder – bekam hier zwei Monate später nun endlich wieder einen Garten unter die Finger, genauer gesagt einen Schrebergarten. Da ich aber die Beete noch nicht nach meinem Gusto vorbereiten konnte und da die Vegetation sowieso noch ruhte, blieb 'Stanwell Perpetual' im Topf auf dem Balkon an der Wohnung. Das kostete sie beinahe das Leben, denn der Februar 2012 mit seinen strengen Dauerfrösten nach einem äußerst milden Winter setzte ihr sehr zu.

In meiner enthusiastischen Vorfreude auf meinen neuen Garten bekam ich davon allerdings erst einmal gar nichts mit. Ich rechnete gar nicht damit, dass mein Kronjuwel, für das ich einen besonders schönen Platz vorbereiten wollte, unter dem Frost leiden würde. Schließlich gehört sie zu den winterhärtesten Rosen überhaupt. Außerdem trieb sie im März sogar die ersten grünen Blätter. Prima! Das Beet war fertig und ich pflanzte sie froh und glücklich inmitten niedriger Stauden wie rot blühender Küchenschellen und mattenartig wachsender, weiß panaschierter Gänsekressen (absolut klasse: *Arabis ferdinandii-coburgii* 'Variegata') ein. Doch die Austriebe wuchsen nicht weiter. Die Blättchen blieben winzig, die Triebe streckten sich nicht. Nach etwa vier Wochen Schockstarre auch meinerseits rüttelte mich mein liebender Gatte auf: „Ey, bist du nun ein Rosenexperte, oder nicht? Mach doch mal was! Wie wäre es mit Zurückschneiden?" Er hatte so recht, ich musste meiner tatenlosen Agonie entkommen. So schnitt ich die schönen, fließenden Triebe auf kurze Stummel zurück. Vermutlich war die Wurzel im Topf auf dem Balkon völlig durchgefroren und hatte Schaden genommen, weil sie sicher durch die milden Wochen vor dem Frosteinbruch ausgetrieben hatte. Die Blattaustriebe rührten ausschließlich von den Reservestoffen aus der Rosentrieb-Rinde und kamen nicht weiter, weil die Wurzel nichts mehr liefern konnte. Es galt also, hoffentlich noch lebende Wurzelreste zu aktivieren und zu fördern. Ich besann mich, dass ich noch eine Flasche Vitanal irgendwo stehen hatte. Dabei handelt es sich um ein Präparat aus Getreide – also völlig biologisch – das Wurzeln und Bodenleben zusammenbringen und aktivieren soll und gerade für Rosen eine echte Hilfe ist. Heino hatte es mir mal zugesteckt. Ich hatte es schon in München, aber nur einmal angewendet. Der Grund: Es stinkt wie eine Wäscheladung alter, drei Tage im Sommer getragener, feuchter Socken. Für 'Stanwell Perpetual' war mir aber keine Überwindung zu groß! Im Wochenabstand goss ich die Pflanze mit der Brühe. Auch wenn es verklärt klingen mag, aber ich hatte schon nach wenigen Tagen den Eindruck, dass sich die Pflanze erholte. Ende Mai legte sie los! Triebe wuchsen, Blätter entfalteten sich und die Krone baute sich als Kurzkaskade sehr ausgewogen auf. Freundlicherweise öffnete sich die erste Blüte zu meinem Geburtstag Anfang Juli. Und wieder zeigte diese Sorte, was in ihr steckt. Sie wuchs unaufhörlich und war 2012 die letzte blühende Rose meines Gartens – noch Anfang

Dezember trotzten rosaweiße Schimmerblüten den kalten Wetterverhältnissen, bis ein strenger Frost den Winter unwiderruflich einläutete. Ich bin sehr zuversichtlich, dass ich noch lange Jahre Freude an ihr haben werde.
Unzerstörbare Anmut hat also einen Namen ... Sie wissen ja nun, welchen.

MUNTERE VETERANINNEN:

Einmal blühende Alte Rosen wie Rosa gallica 'Versicolor'

Geht es Ihnen auch so? Die Tatsache, dass alte Rosensorten nur einmal blühen, blockiert die schlussendliche Entscheidung zu ihnen, selbst wenn sie in ihrem Charme alle anderen Rosen übertreffen. Doch zu gerne will ja jeder Gartenbesitzer die ganze Sommersaison über Rosenblüten haben.
Ich unterscheide mich in meiner Rosensucht da sicher nicht von den meisten anderen meiner Zeitgenossen. So suchte ich mein Heil in öfter blühenden Alten Rosen und sah mich zuerst einmal bei den Portlandrosen um, über die ich später noch ein kleines Loblied anstimmen werde. Mir erschienen meine Gärten bis vor kurzem immer zu klein, um einmal blühende Rosen aufzunehmen. Erschwerend kommt hinzu, dass Alba- und Gallica-Rosen, Zentifolien und alle ihnen nahe stehenden Rosengruppen sich so gar nicht mit modernen Rosen vergesellschaften lassen; ihre Pflanzenpersönlichkeiten sind einfach zu verschieden.
Dennoch schmolz (und schmelze) ich immer dahin, wenn ich eine der meist über die Jahrhunderte geretteten Rosen irgendwo blühen sehe. Vorausgesetzt, der Frühsommer ist nicht allzu verregnet, denn viele dicht gefüllte Sorten haben so hauchfeine

Blütenblätter, dass diese leicht miteinander verkleben und die Blüten mumifizieren, wenn man sie nicht nach dem ersten Schauer abschneidet, in die Vase stellt und von den klebenden Außenblütenblättern befreit.
Die meisten Sträucher der vitalen Alten bauen sich sehr ansehnlich auf und erreichen mindestens Hüfthöhe – gelegentlich sogar Übermannshöhe. Und wenn man einen einigermaßen rosengeeigneten Standort, also sonnig bis zeitweise beschattet und fruchtbaren Boden, wählt, bleiben viele Sorten auch akzeptabel gesund. Die Robustheit einige Alter Rosen, ihre Schönheit und natürlich auch die Tatsache, mit ihnen lebende Antiquitäten (die wirklich erschwinglich sind – ich besitze kein einziges Möbelstück, das älter ist als ich, hoffe aber, dass sich irgendwann ein verschollener reicher Verwandter meldet und mir mal eine Jugendstil-Vitrine vermacht ...) mein eigen zu nennen zu können, ließen mich Albas, Gallicas und Co. aber nicht vergessen. Und mein gutes Gedächtnis in Rosendingen (ansonsten bin ich eher drömmelig) zahlte sich aus, als ich 2012 Schrebergarten-Pächter wurde. Endlich bot sich die Gelegenheit, Alte Rosen auch sinnhaft einzusetzen. Ich finde nämlich, dass gerade diese Rosen sich bestens in Gesellschaft von Obst, Gemüse und Sommerblumen machen, eben weil sie sich nach der Blüte von der Gartenbühne optisch zurückziehen. Allerdings musste ich sie von den ebenso heiß begehrten, dauerblühenden Rosen optisch trennen. So bekamen moderne Beet- und Strauchrosen eigene kleine Beete, die Edelrosen durften es sich in einem formalen Rosengarten neben der Weinlaube bequem machen und die Alten Rosen sollten sich zu einer hohen Hecke zum Nachbarn linker Hand formieren.
Sowie diese Idee gefunden war, studierte ich den Katalog vom Rosenhof Schultheis und quälte den grundguten Christian Schultheis, Heinos Sohn, der mittlerweile die Leitung der Rosenschule übernommen hat, mit stundenlangen Telefonaten und Mails, um die zehn besten Histörchen herauszufinden. Gesetzt war von vornherein die Alba-Rose 'Princesse de Lamballe'. Sie ist zwar eine relativ unbekannte und „normale" Sorte

ihrer Klasse mit duftenden weißen, locker gefüllten Blüten, dem typischen schmalen, hohen Wuchs und der für Albas sprichwörtlichen Robustheit. Ich wollte sie aber deswegen selbst pflegen, weil ich als Jugendlicher für meinen Vater, seines Zeichens Friseurmeister und damals Berufsschullehrer, historische Frisuren gezeichnet hatte. Er brauchte Folien für den Tageslichtprojektor als Anschauungsmaterial. Eine gewisse Marie de Lamballe machte im Ancien Regime Furore mit einer Rokokofrisur, die durch einen Kranz aus Rosen gekrönt war. Madame de Lamballe war eine Freundin der letzten Königin Frankreichs, Marie Antoinette, und erlitt aufgrund ihrer Loyalität ein grausliges Schicksal – sie wurde vom Mob gelyncht. Irgendwie rührte mich das alles, so kam es zu dieser Entscheidung.

Dann wurde auch 'Madame Hardy' in meinen Garten gebeten – ja genau, die grünäugige weiße Damaszenerrose, deren Schönheit und Duft zu Recht allerorten gerühmt wird. Eine andere Damaszenerin gehörte ebenfalls zur erlauchten Rosengesellschaft: 'Celsiana' mit ihren unvergleichlich anmutigen, halb gefüllten, zartrosa Blüten. Die tiefen Rot- bis Violett-Töne der Gallica-Rosen hatten es mir ebenfalls angetan; sie scheinen bei modernen Rosensorten kaum vorzukommen. Vielleicht kommt ihnen die Englische Rose 'Munstead Wood' am nächsten … Die alte Gallica 'Tuscany' war also auch ein Must-have. Sie war bereits in der Renaissance als „Velvet Rose" bekannt. Mit ihren sehr dunkelroten Blütenblättern um die blassgoldenen Staubgefäße ist sie ein echtes Faszinosum und übertrifft nach meinen Begriffen sogar die etwas stärker gefüllte, sehr ähnliche 'Tuscany Superb' an Eleganz. Aber das ist sicher Geschmackssache. Eine Rose aber sticht sie alle aus. Es war zunächst nicht klar, ob Christian mir Rosa gallica 'Versicolor', den gestreift blühenden

Abkömmling der rein rosaroten 'Officinalis', schicken konnte, denn sie galt in jenem Jahr als vergriffen. Umso glücklicher war ich, als meine Rosenlieferung im März 2012 doch noch zwei Pflanzen dieser Sorte enthielt. Allerdings waren alle „Heckenplätze" bereits verplant. Aber bisher habe ich noch immer einen Platz für eine begehrenswerte Rose gefunden. So legte ich ein Kräuterbeet neu an – Schnittlauch, Borretsch, Bergbohnenkraut, Salbei und Minze sollten sich irgendwie auf einen Bodenkompromiss einigen. Zur Sichtseite vom Gartenhäuschen hin sollten die beiden Versicoloren das Beet eingrenzen. Mir war es egal, wie hoch sie würden; zur Not schneide ich zu lange Triebe im Sommer eben etwas bei, damit die Sträucher ihre Form behalten.

Selten habe ich mich über Rosen so gefreut wie über 'Versicolor', und das will wahrlich etwas heißen. Nicht nur, dass die Sträucher im ersten Jahr bereits blühten (das schafften nur noch 'Tuscany' und die Zentifolie 'Rein de Centefeuilles'), sie bauten sich auch ideal buschig auf und waren trotz des nassen Frühsommers frei von Mehltau. Und die herbsüß duftenden Blüten mit den goldenen Staubblättern zwischen den zartrosa und tiefrosa marmorierten Petalen sind so herrliche Muntermacher. Nun verstehe ich, warum der berühmte Rosenmaler Redouté gerade dieser Sorte auf einem seiner schönsten Stiche verewigt hat. Ich habe jetzt den lebenden Beweis und wünschte, ich könnte auch nur annähernd so gut malen wie er.

VERY BRITISH:

Englische Rosen wie 'Lady of Shalott'

Zu Englischen Rosen hegte ich jahrelang eine gewisse Hassliebe. Seit sie in der Rosenwelt aufgekommen waren, weckten sie meine Begehrlichkeit. Die meist herrlich duftenden, dicht gefüllten Blüten in fantastischen Farbschattierungen – oft an graziös wachsenden Sträuchern hervorgebracht – waren schon immer eine Klasse für sich. Aber ich hatte lange Jahre einfach kein Glück mit ihnen.

Angesteckt von dem Hype um sie, konnte ich es zunächst gar nicht abwarten, sie in meinem ersten eigenen Garten – Sie erinnern sich, es war der in Filderstadt – zu pflanzen. Ich geriet zuerst an 'Othello'. Sie prunkte mit ihren Riesenblüten in einem Container vor einem Bernhauser Blumengeschäft und rief mir zu „Hey, Andreas, wie wäre es mit uns beiden?" Derart offensiven Avancen kann ich nur schwer widerstehen. Die Farbe der unendlich vielen Blütenblätter schillerte in unterschiedlichen Purpur- und Malventönen und der Duft war unbeschreiblich: stark, sehr rein rosig und absolut betörend. Diesmal wälzte ich vor dem Kauf keine schlauen Bücher, sondern griff spontan zu. Na da hatte ich mir etwas eingehandelt! 'Othello' gehört nämlich zu den sehr wenigen Englischen Rosen, die straff aufschießen und ziemlich struppige Sträucher bilden. Mannshöhe hatte sie bald erreicht. Das hellgrüne Laub wurde bei passender

Witterung gern von Mehltau besucht und irgendwie wusste ich so gar nicht, was ich auf Dauer mit ihr im Garten anfangen sollte. Am besten dürfte sich eine Gruppe unter optimalen Bedingungen gut gepflegt als markante Hecke eignen. Die vielen Stacheln halten zumindest streunende Katzen ab.

Hin und wieder trudelte mir in den folgenden Jahren eine englische Rosenlady über den Weg. 'Abraham Darby' beispielsweise und später auch die rosa 'Heritage' – doch so richtig erwärmen konnte ich mich nicht für sie, denn meine „Englischen" kamen so gar nicht in die Gänge und wurden obendrein fast immer krank. War ich zu ungeschickt mit ihnen? Oder wuchsen sie nur in England gut?

Doch es zeigte sich ein Silberstreif, der ein Goldschimmer war, am Horizont. Die erste Ehrenretterin dieser Rosengruppe war nämlich 'Golden Celebration' – eine Sorte, die ich noch heute sehr liebe. Bei ihr passte alles: Blattgesundheit, üppiger und ausgewogener, bogig überneigender Strauchwuchs, reicher Blütenansatz und Blüten, die nicht kippen, sobald der Strauch sich eingewöhnt hat. Und das, obwohl die Blüten selbst ziemlich groß und schwer sind! Hinzu kommt noch der sehr starke, angenehme, fruchtig unterlegte Rosenduft. Kerngesunde Gesellschaft bekam sie etwas später durch die hellgelbe 'Teasing Georgia' mit ähnlich guten Pflanzeneigenschaften, nur helleren Blüten. Ich hatte sie zuerst als Strauch verwendet und staunte einige Jahre später nicht schlecht, als ich in einem Nachbargarten entdeckte, wie gut sie sich als Kletterrose macht – und das bei bester Gesundheit und einer Winterhärte, die so manche Rosensorte aus deutschen Landen vermissen lässt. Im Strauchwuchs verharrend, aber keinen Deut weniger wertvoll schillerte 'Lady Emma Hamilton' in einem rot behauchten Mandarinensaftorange und einem Parfüm nach Tee, Orange und Honig. Sie merken schon, dass ich eine Vorliebe für warme Farbtöne bei den Englischen Rosen entwickelt hatte. Und mir schien, dass diese neueren Sorten einige Züchtungsschritte nach vorne gesprungen sind. Zumindest sind sie bei Weitem nicht so heikel wie die ersten ihrer Klasse.

Einige Zeit später, ich hatte gerade meinen derzeitigen Schrebergarten bekommen und zunächst ohne Englische Rosen geplant, arbeitete ich an einem Buch und einem Beitrag über nostalgisch aussehende Rosen. Dabei kam es zu einem Kontakt mit der Rosenschule David Austin in England und die Ladies und Gentlemen luden mich ein, mal ihre Gärtnerei und Züchtungshäuser zu besuchen. Ich war natürlich aufs Höchste gebauchpinselt. Doch in meinem Bauch rumorte es auch. Wie würde ich vorgehen, wenn die drei Sorten, die ich bereits als gut im Sinn bewertet hatte, Ausnahmen waren? Was soll ich schreiben, wenn die äußerst wichtige Blattgesundheit den Kriterien, die für alle Rosen gelten sollten, nicht standhielten?

Ich hatte schlaflose Nächte bei der Vorbereitung meiner Englandreise Mitte Juni. Zuerst hatte ich mir Fotos der allerneuesten Sorten schicken lassen. Anhand derer wollte ich im Internet Gartenforen abklappern, um herauszubekommen, welche ersten Erfahrungen Hobbygärtner mit ihnen gemacht hatten. Die Bilder kamen aus England per E-Mail. Als ich sie öffnete, stand mein Mann Stefan hinter mir. Er sah gleichzeitig mit mir die Konterfeis der Englischen Rosen und selbst ihn, der sonst eher trocken mein Entzücken über diese oder jene Pflanze kommentiert, schlugen diese Rosen in den Bann. Sein erklärter Liebling war augenblicklich 'Tranquillity' – ein vollendeter Traum in Weiß, während ich im Nu mein Herz an die kupfergoldene 'Lady of Shalott' verlor. Glücklicherweise lud wenige Tage später Jeanette Griese zu einem Event in ihren Garden of Roses ein. Überraschenderweise erteilte mir der in Gelddingen vorsichtige Stefan den Auftrag, unbedingt eine 'Tranquillity' für ihn dort zu ergattern, egal was sie koste ... obwohl die Chancen, eine brandneue Englische in Westfalen aufzutreiben, sehr gering standen.

Doch Jeanette ist immer für kleine Sensationen gut, denn sie hatte nicht nur die schöne Weiße für Stefan, sondern auch den Goldschopf für mich in kleiner Stückzahl in ihrer sowieso schon großen Kollektion. Da 'Lady of Shalott' schon zwei Jahre

erhältlich war, hatte die Rosenkennerin in ihrem Schaugarten Exemplare gepflanzt und ich war dann absolut begeistert:
gesund, wuchsschön, blütenreich, strahlend und moderat duftend. Logisch, dass ich gleich eine Pflanze mitnahm. Ebenfalls im Kofferraum unseres (rost-)roten alten Ford landeten die ungewöhnliche 'Fighting Temeraire' mit einfachen, aber sehr großen, herrlich duftenden Blüten in Sonnenuntergangsfarben, die rosa, perfekt kamelienartig blühende 'James Galway' sowie einige weitere Schätze. Mein letztes Geld ging wieder einmal für Pflanzen seinen Weg – wofür sonst?

Über den Besuch bei David Austin ließe sich ein ganzes Buch füllen, und so fasse ich mal zusammen: Great! Zwar sind auch bei ihm (wie bei allen anderen Rosenzüchtern auch) nicht alle Sorten ohne Schwächen, doch zumindest meine Lieblinge und etliche andere neue Züchtungen darüber hinaus ('The Lark Ascending', 'Wollerton Old Hall', 'Royal Jubilee', 'Boscobel' ... nur um etwas „name-dropping" zu veranstalten ...) sind äußerst vielversprechend und haben ihre Härtetests auf den Feldern bereits hinter sich. Mittlerweile habe ich sie alle auch längst gepflanzt ...

Die golden schimmernde, lachsfarben überhauchte 'Lady of Shalott' im Garten sowie die weiße 'Tranquillity' auf dem Balkon stehen sogar noch im Dezember mit gesundem Laub da. Sie erinnern uns, während wir die Outdoor-Weihnachtsdeko anbringen, daran, wie schön der Rosensommer war und wie gut es ist, Vorurteile nachzuprüfen und entkräften zu können.

VOLLER ÜBERRASCHUNGEN:

Noisetterosen wie 'Madame Alfred Carrière'

Als ich noch in Filderstadt wohnte, hatte ich den Ehrgeiz, auch mal Alte Rosen kennenzulernen; doch ich scheute davor zurück, einmalblühende Sorten zu setzen – zu klein war das Gärtchen, und jede Pflanze sollte möglichst lange blühen.
Nach dem intensiven Studium eines einschlägigen Buches von von Heinrich (= „Heino") Schultheis (ihn selbst lernte ich wenig später kennen) entschied ich mich unter anderem für die remontierende weiße Noisette-Rose 'Madame Alfred Carrière', die zu den Alten Rosen zählt. Ausschlaggebend war, dass sie auch bei wenig Sonneneinstrahlung blühen könne. Da noch ein Platz im nordwärts gerichteten Vorgarten am Zaun frei war, landete sie dort.
Doch ich gebe zu, dass ich bei der Ankunft von Madame nicht besonders begeistert war. Die Pflanze hatte doch sehr dünne Triebe. Ob daraus eine üppige Pflanze wachsen würde? Das erste Jahr machte mir nicht gerade Mut … viel dicker als Bindfäden waren die neuen Schosse nicht und geblüht hat die Rose erst einmal gar nicht. Aber sie blieb immerhin gesund – ein echter Pluspunkt. Im darauf folgenden Winter muss etwas schief gegangen sein mit der Pflanze, denn die neuen Austriebe kamen nicht deutlich besser, sondern sogar fast noch schwächer hervor. Wühlmäuse schieden als Übeltäter aus – durch den Filderlehm

scheinen sie sich nicht arbeiten zu wollen; mein Garten dort war frei von dieser Plage. Aber trotz der Enttäuschung ließ ich die Pflanze gewähren und sie dankte es mir im Sommer mit zwei (!) hübschen Blüten. Das war mir natürlich zu wenig, doch immerhin trieb sie ordentlich neu aus und auch im zweiten Jahr zeigte sich keine Spur von Mehltau oder anderen Blattgeißeln.

Im dritten Standjahr hatte sich die Französin etabliert und zeigte, wozu sie in der Lage war. Obwohl Noisette-Rosen allgemein wenig frostfest sind, überstand diese Sorte auch einen sehr harten Winter ohne Schutzmaßnahmen. Die langen, zähen Triebe neigten sich waagrecht und wirklich aus jedem ehemaligen Blattansatz des Vorjahres entwickelte sich ein gut 40 Zentimeter langer Stiel mit zartrosa behauchten, milchweißen Knospen, die sich zu locker gefüllten, perlweißen Blüten öffneten. Ihr Duft erinnerte eher an Edelrosen – eine weiche Mischung aus Tee, Moschus und etwas herbem Obst meine ich herauszuschnuppern. Der Vorgartenzaun sah aus, als hätten wir an jeder Stakete eine Schnittrose angebunden, denn die noble Dame stellt ihre Blüten einzeln – nur selten treten sie etwa zu dritt auf. Zwar ist damit die Blütenzahl nicht überwältigend, doch ich lernte, wie schön es aussieht, wenn die Blüten mit reichlich Laub umgeben sind. Das steigert ihre Noblesse noch. Ich war schwer begeistert, doch umwölkte sich meine Dichterstirn ein wenig, denn ... wieder mal stand ein Umzug an. Und die Rosen wollte ich mitnehmen – wusste aber noch nicht so recht, wann und wie.

Wir zogen ins westfälische Varensell. Sandiger Boden, aber viel, viel Platz. Der Sommer verging und im Herbst wollte ich meine Rosen aus Filderstadt abholen – das war mit den Nachmietern des beschaulichen Schwabenhäuschens abgemacht. Als ich die Madame ausgrub, wurde mir klar, warum sie sich so lange bitten ließ. Die Pflanze war gespalten. Sie fiel beim Ausgraben sofort in zwei Hälften. Die Bruchstelle ging mitten durch die Veredlungsstelle und war bereits bestens verheilt. Ich hatte also zwei Pflanzen – nahezu gleich groß. Im Nachhinein reimte ich mir zusammen, dass wohl eines der beiden jenerzeit dreiradfahrtüchtigen Kleinkinder die Kurve zur Einfahrt etwas eng genommen und dabei versehentlich die schöne Noisette-Vertreterin überfahren hatte, sodass es knackte – sie stand leider recht nahe an der Kante zum Hauseingang. Wie gut, dass das passierte! 'Madame Alfred Carrière' hatte diesen Tiefschlag damenhaft hingenommen, ohne mit der Blattwimper zu zucken. Nicht nur, dass sie aus der Wildlingsunterlage neue Wurzeln bildete – nein, nein. Auch die veredelte „echte" Sorte legte sich ins Zeug und trieb oberhalb des Veredlungsknubbels eifrig Wurzeln. Man spricht in einem solchen Fall von „Freimachen". Meine beiden Madames waren mittlerweile wurzelecht. Wow!

Glücklich pflanzte ich sie dann als Paar an den Zaun zum Nachbarn in Varensell. Ich bangte, ob der Sandboden den lehmverwöhnten Pflanzen zupass käme, doch offenbar vermisste sie gar nichts. Bereits im ersten Sommer baute sie sich mit Leichtigkeit zwei Meter hoch auf und blühte in steter Folge. Kein Pilzfleck verunzierte das hübsche, mittelgrüne Laub. Doch eine Plage machte sich bemerkbar: Käfer. Goldener Glanz auf den braunen Flügelklappen täuschte nicht darüber hinweg, dass die eigentliche Kostbarkeit des Gartens, die Rosenblüten der Madame, zerfressen wurde. Händeringend suchte ich nach einer Lösung und erinnerte mich daran, dass das Öl des Neem-Baumes (oder auch eingedeutscht „Niem-Baumes") für Menschen und Haustiere ungiftig ist, den Käfern aber den Garaus machen würde. Ich bekenne mich also des Käfermordes schuldig. Aber ich plädiere auf Notwehr, sie hatten den Krieg durch eine heimtückische Invasion in meinen Rosenblüten angezettelt und ich hatte außerdem ein reines Ökogewissen. Nach drei Spritzungen war der Spuk vorbei, meine Rosen blühten wieder makellos und selbst die Bienen und Schmetterlinge schwirrten fröhlich um die Pflanzen.

Aber Madame kam noch nicht zur Ruhe. Sie gehörte nun einmal dem Haushalt eines Umzugszigeuners an und musste ein paar Jahre später wieder einmal den Wohnort wechseln. Der mergelige, feste Boden in Porta Westfalica war aber ebenfalls kein Problem für die schimmernde Schönheit. Sie steht seitdem auf der Krone eines Hanges und kann sich frei entfalten. Als ich aus Porta wegging, entschied ich, Madame Lebewohl zu sagen … und wenn kein Unglück geschehen ist, blüht und wächst sie auch heute noch wie vor über hundert Jahren, als ihr Züchter sie das erste Mal bewundern konnte.

DER BESTE STAMMHALTER:

Öfterblühende Alte Rosen wie 'Rose de Resht'

Vielleicht wundert sich der eine oder andere Rosenkenner, dass ich diese Allerweltsrose, zumindest was die Alten Rosen betrifft, hier aufs Tapet bringe. Meine Motivation dafür speist sich aus mehreren Quellen. Zum einen war sie die erste Historische Rose, die ich kennengelernt habe. Sie gehört zu den öfterblühenden Sorten von Annodazumal und obwohl sie offiziell erst Mitte des 20. Jahrhunderts angeblich aus Persien, genauer gesagt der Stadt Rescht, eingeführt wurde, finden sich Indizien, dass sie schon sehr viel länger in Europa, zumindest in Norddeutschland, bekannt war. Das konnte ich mir doch patriotischerweise nicht entgehen lassen.

Der zweite Grund, diese Sorte zu bejubeln, liegt in ihrer Qualität. Zuerst kultivierte ich sie als Hochstammrose, denn die Quellenlage war sich einig darin, dass 'Rose de Resht' vollkommen winterhart sei. Das kann ich mit dem Brustton der Überzeugung bestätigen. Noch nie ist auch nur ein Zentimeter an meinen Pflanzen dieser Sorte zurückgefroren. Was mich darüber hinaus begeistert, ist ihre Wuchsform. Die Pflanzen sind eher rundlich und kompakt und ihre Blüten sitzen kurz über dem reichen Laub an den stacheligen Trieben. So liefern sie zwar keine langen Schnittstiele, doch gerade am Rosenbäumchen

macht sich diese Wuchsform bestens. Bemerkenswert ist auch die Geschwindigkeit, in der sie austreibt. 'Rose de Resht' schläft nämlich lange im Frühling. Selten regen sich Austriebe vor April – vielleicht ist das ihr persönlicher Winterschutz? Dann aber geht es rasant zur Sache. Innerhalb von vier, fünf Wochen steht die Pflanze in Knospe und gehört fast immer zu den allerersten Rosen, die in meinem Garten blühen. Lediglich der erste Platz im Blütensprint wird seit wenigen Jahren stets von 'Stanwell Perpetual' eingenommen. Ende Mai also funkeln diese Reschtrosen-Blüten auf dem smaragdfarbenen Laub. Nach dem ersten Blütenflor, wenn Verblühtes mit einem, vielleicht zwei Laubblättern abgeschnitten wurde, nimmt die Pseudopersische wieder einen kleinen Schönheitsschlaf – meist macht sie eine gut zweiwöchige Treib-Pause. Dann aber wird der Schalter wieder umgelegt und sie startet erneut durch. Der Rosenflor zeigt sich in deutlichen Schüben, hält aber fast jedes Jahr bis zu den ersten Frösten an.

Genau der Umstand der frühen ersten Blüte führt zum dritten Grund, warum ich diese Rose so sehr liebe. Ich pflanzte sie das erste Mal nämlich in dem Frühjahr, in dem mein drittes Kind, Sohn Jesse, geboren wurde. Er kam am 22. Mai zur Welt. Am Vorabend seiner Geburt standen zwei Regenbögen über Filderstadt, während die Sonne in das Tierkreiszeichen der Zwillinge wechselte. Die quirligen Eigenschaften, die man Vertretern dieses Zeichens nachsagt, entfaltete er schon als Kleinkind, und auch als Teenager ist in dieser Hinsicht kein Ende absehbar. Der Debüt-Rosenhochstamm 'Rose de Resht' öffnete an Jesses nulltem Geburtstag seine ersten Blüten. Ich beschloss, von dem Bäumchen Stecklinge zu nehmen, und verschenkte diese, als sie bewurzelt waren, an seine Paten. Natürlich bekam das Kind auch einen und diese Pflanze existiert meines Wissens wohl noch in einem großen Topf auf dem Balkon und blüht reich, obwohl der Halbstarke, fast Sechzehnjährige nun andere Flau-

sen im Kopf hat, als Rosenblüten zu bewundern.

Alle, die (noch?) keine sentimentalen Assoziationen zu dieser Rose haben aufbauen können, sollten aber dennoch nicht auf sie verzichten. Die Blüten von 'Rose de Resht' sind zwar nicht besonders groß, erscheinen aber reichlich auf der Pflanze. Ihre Farbe ist schwer zu fassen. Manchmal handelt es sich um ein kühles, relativ helles Kirschrot und manchmal verdunkelt sich der Farbton zu einem intensiven Purpur, das allerdings nicht ganz so brillant ist wie bei vielen Gallicas oder 'Munstead Wood'. Aber übertreffen kann 'Rose de Resht' fast alle anderen Rosen durch ihren intensiven, reinen Rosenduft. Er wird freigiebig an die laue Sommerluft verströmt. Anders als viele Sorten, deren Wohlgeruch man erst wahrnimmt, wenn man direkt an der Blüte schnuppert (in älteren Büchern wird von „duftbewahrend" geschrieben) ist diese Rose duftverströmend. Das ist mir in dieser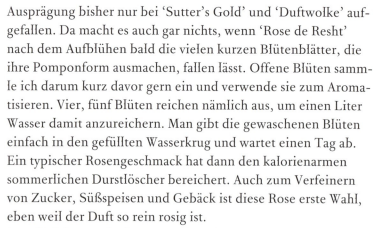
Ausprägung bisher nur bei 'Sutter's Gold' und 'Duftwolke' aufgefallen. Da macht es auch gar nichts, wenn 'Rose de Resht' nach dem Aufblühen bald die vielen kurzen Blütenblätter, die ihre Pomponform ausmachen, fallen lässt. Offene Blüten sammle ich darum kurz davor gern ein und verwende sie zum Aromatisieren. Vier, fünf Blüten reichen nämlich aus, um einen Liter Wasser damit anzureichern. Man gibt die gewaschenen Blüten einfach in den gefüllten Wasserkrug und wartet einen Tag ab. Ein typischer Rosengeschmack hat dann den kalorienarmen sommerlichen Durstlöscher bereichert. Auch zum Verfeinern von Zucker, Süßspeisen und Gebäck ist diese Rose erste Wahl, eben weil der Duft so rein rosig ist.

Es soll nicht verschwiegen werden, dass 'Rose de Resht' ein gewisses Identitätsproblem hat. Sehr lange rechnete man sie zu den öfterblühenden Portlandrosen. Hier findet sich illustre Gesellschaft, von denen ich unbedingt die rosa 'Jacques Cartier' erwähnen muss. Ihre überraschend süßlich duftenden Blüten haben ähnlich kurze Stiele wie 'Rose de Resht', sind aber deutlich größer. Sehr elegante Knospen entwickelt eine weitere Portlandrose: 'Madame Boll', die man auch unter dem Namen 'Conte de Chambord' kennt. Langsam öffnen sich ihre Blüten, die einen sehr rosigen Duft entlassen, der es mit der Reschtrose aufnehmen kann. Portlandrosen sind extrem winterhart und daher ideale Stammrosen.

Doch es zeigte sich in den letzten Jahren, dass 'Rose de Resht' zu den Damaszenerrosen gehört und die Eingruppierung zu den Portlands nicht mehr so überzeugend gehalten werden kann. Aber beide Rosenklassen sind so nahe verwandt, dass es schon mal Zweifel geben kann, das kommt in den besten Familien vor.

Mittlerweile scheine ich immer öfter auf 'Rose de Resht' zu stoßen. Während sie vor etwa zwanzig Jahren noch nahezu ein Geheimtipp war, bieten heutzutage fast alle Rosenschulen diese Sorte an. Nicht schlecht staunte ich, als ich vor zwei Jahren einem fast mannshohen Strauch auf einem neu angelegten Friedhof begegnete. Über und über mit Blüten besteckt duftete sie alle trüben Gedanken hinweg. Ist es nicht schön, dass eine Rose an jedem Ort angenehme Gefühle und Erinnerungen hervorrufen kann?

CHARMANTE FINDLINGE:

Öfterblühende Rambler wie 'Christine Hélène'

Wenden wir uns nun einmal einem heiklen Thema zu: Ramblern. Nicht dass Vertreter dieser Rosenklasse schwierig zu pflegen wären. Nein, im Gegenteil! Das Problem liegt gerade in ihrer Robustheit und unglaublichen Wuchskraft.
Aber eins nach dem anderen. Auf Rambler bin ich nämlich erst ziemlich spät aufmerksam geworden. Sie wissen ja vielleicht, dass es sich bei ihnen um Rosen handelt, die sehr lange, laxe Triebe ausbilden, an denen sie gewöhnlich ab dem zweiten Jahr blühen. Sie klettern für ihr Leben gern (und mit einer Rasanz, als ginge es um dasselbe) an Obstbäumen hoch, um sie mit einer zweiten Blüte im Frühsommer zu schmücken. Der Obstbaum sollte dabei aber dem Jugendalter bereits entwachsen sein, denn die liebende Umarmung der Rose kann schon mal erdrückend sein. Im Klartext: Viele Rambler werden innerhalb von vier bis sechs Jahren dermaßen schwer und groß, dass sie einen schwächelnden Baum völlig überwuchern und marodes Holz zum Zusammenbruch bringen. Das gilt übrigens auch für Holzschuppen oder -zäune mit Fäulnistendenzen. Steinmauern würden zwar die Last stemmen können, doch der Luftabschluss von einer Seite behagt den Ramblern nicht; besonders ältere Züchtungen und Findlinge fangen sich dort Mehltau ein. Ein freier Stand ist daher die beste Gesundheitsvorsorge.

Meine ersten Erfahrungen mit Ramblern verliefen spät, aber glimpflich. 'Veilchenblau', mit kleinen violetten Blüten, die beim Verblühen einen rauchigen Ton annehmen, wuchs mit ihren zweieinhalb Metern recht moderat und stand frei an einem sehr stabilen Maschendrahtzaun – aufgebunden wird sie deutlich höher. Da sie nahezu stachellos ist, kam auch nie ein böses Wort über meine Lippen, wenn ich sie mal stutzen musste. Frühsommerliche Blumensträuße mit 'Veilchenblau', späten Iris, Frauenmantelblüten, Katzenminze, farblich passenden Lupinen und Schleierkraut stellten mit ihrer duftigen Pracht alles andere in den Schatten.

Ermutigt durch den ersten Rambler-Erfolg betrat ich eines Tages den Garten eines Freundes und bewunderte die gerade abblühende Sorte 'Paul's Himalayan Musk'. Sie stand im dritten Jahr und hatte noch nicht die Macht entfaltet, die ihr innewohnt. Aber die zart duftenden, ebenso zartrosa farbenen, gefüllten Blüten ließen mich dahinschmelzen. Ich nötigte meinem Gastgeber einen Steckling ab, den ich umgehend mit Neudorff's Wurzelfix impfte und in einen hohen Topf voller Sand steckte. Plastiktüte drüber, um gespannte Luft zu erzeugen, das Gefäß auf die halbschattige Terrasse gestellt und gewartet. Der Steckling wuchs an und entwickelte sich so stark, dass nach vier Jahren Lianen im Umkreis von sieben Metern alle erreichbaren gewachsenen und gebauten Vorsprünge, die sich als Halterung eigneten, durchzogen hatten. Nur durch rigorosen Schnitt waren sie zu bändigen – und dabei waren ausnahmsweise auch dicke Lederhandschuhe, eine sehr feste Joppe sowie eine scharfe Astschere und Säge unumgänglich. Unzureichend geschützte Freunde von Paul sehen sonst nämlich aus, als hätten sie zwei Stunden mit unbekannten Katzen gespielt, und brauchen Pflaster, Handcreme und gutes Zureden.

Diese Erfahrung mit Ramblern hat mich denn doch eher verschreckt, auch wenn ich Gartenbildern mit diesen sehr hoch wachsenden Sorten viel abgewinnen kann. Vielleicht werde ich auf sie zurückgreifen, wenn ich mal eine Streuobstwiese bewirtschaften muss.

So sah ich mich um nach Ramblern, die nicht höher wurden als meine sanftmütige 'Veilchenblau', und natürlich fand ich sie auch. Und – Sensation! – sie blühten nicht nur einmal in der Saison, sondern öfter bis dauerhaft. Wow! Zu den schönsten von ihnen gehören 'Perennial Blue' im royalen Purpur und 'Guirlande d'amour' in Weiß. Schwer begeistert war ich sofort von 'Ghislaine de Feligonde'. Eine Zeitlang war ich von dem französischen Namen, der mir nicht über die Zunge gehen wollte, abgeschreckt, sie zu pflanzen. Coralie, eine normannische Freundin aus Studienzeiten, hatte mir aber diese Hemmung genommen. Als sie einmal zu Besuch in Deutschland war und ich sie nach der korrekten Aussprache dieses Namens fragte, lehrte sie mich, dass es „Dschißläin de Feligond" mit stimmhaften „d" am Ende" heißen müsse. Zweifelnd wand ich ein, ob sie das denn auch ganz genau wisse … ich hatte bisher niemanden getroffen, der diese Rose so ansprach. Sie ließ ihr typisches, kehliges Lachen erklingen und zwinkerte mir mit den Worten zu: „Natürlich – mein' Muttöör 'eißt ja auch so!" Seitdem muss ich an Coralie, ihren normannischen Bauernhof und ihre Mutter denken, wenn ich diese Rose sehe. Deren Blüten öffnen sich gewöhnlich in einem zarten Aprikosengelb, das sich zu einem Elfenbeinton aufhellt; im Herbst hält sich der delikate Farbton etwas besser. Gelegentlich wird ihr ein guter Duft nachgesagt – doch dieses Erlebnis hatte ich mit ihr leider noch nicht. Dafür rühme ich aber gern die Gesundheit dieser Sorte – und sie sieht sogar frei stehend als üppiger Strauch klasse aus. Dann erreicht sie gut zwei Meter Höhe, ohne dass sie gestützt werden muss.

Hatte ich nun meinen idealen Rambler gefunden? Drei Jahre lang dachte ich das, bis ich wieder einmal von Pater et Filius Sanctus Schultheis mit einer neuen Rosendame bekannt gemacht wurde: 'Christine Hélène'. Sie stand noch mit ihren

Sortengenossinnen auf einem großen Rosenfeld nahe Steinfurt, als wir einander vorgestellt wurden, doch selbst inmitten dieser Konkurrenz fiel sie auf. Die kleinen, locker gefüllten Blüten schimmerten sanftgelb inmitten saftig grünen Blattwerks. Heino Schultheis erläuterte, dass es sich um einen Findling aus dem Garten der Rosenkennerin Christine Meile handele und er sie nun vermehrt habe und ins Sortiment aufnehmen wolle. Frau Meile bin ich heute noch dankbar für ihr gutes Auge, denn ihr Abkömmling der Wildrose *Rosa helenae* (daher recht clever der Sortenname ...) ist eine echte Versuchung für Rosenliebhaber, die meinen, schon alles zu kennen. Beste Winterhärte, Gesundheit, eine handliche Höhe von gut vier Metern, Blütenfülle und Schönheit – alles passt. Die Blüten verblassen ebenso wie bei der 'Ghislaine de Feligonde', doch der allgemeine Eindruck von 'Christine Hélène' ist eine Spur gefälliger. Wenn ich kann, empfehle ich in einem Garten beide Sorten, müsste ich mich aber entscheiden, ist der Meilesche Findling mein Favorit. Ich habe Kaskadenstämme mit 'Christine Hélène' bereits blühen sehen und versuchte lange, einen solchen noch in meinem Schrebergarten unterzubringen. Doch nirgends fand ich einen Platz, an dem er seine besondere Eleganz wirklich ausspielen konnte. Insofern setzte ich denn doch eine als Busch veredelte Standardpflanze in der Nähe des Pflaumenbaumes, direkt neben 'Perennial Blue', mit der sie sich ausgezeichnet verträgt. Schon im ersten Standjahr blühten sie einträchtig nebeneinander und umweben nun einen Maschendrahtzaun mit ihren flexiblen Trieben. Vermutlich werde ich in wenigen Jahren dort auf den Zaun verzichten können – aber ob das mit den Regeln eines Kleingartenvereins vereinbar ist?

ABSOLUT UNVERZICHTBAR:

'Aloha '49' & 'Graciosa'

Bei den Rosen geht ob meiner Liebe zu ihnen manchmal die Feder beziehungsweise Tastatur mit mir durch. Um aber den Seitenumfang nicht zu biblischen Ausmaßen hochzutreiben, führe ich zwei Sorten zusammen, auf die ich nie und nimmer mehr verzichten will.

Bei mir ist die Leidenschaft für Rosen zwar stets vorhanden gewesen – den Thron meiner aktuellen Lieblingssorte aber haben sich nacheinander verschiedene Sorten sichern können. Standen zunächst Edelrosen an der Spitze meiner Gunst mit 'Super Star' als Regentin, übernahmen später zweitweilig 'Veilchenblau' und 'Golden Celebration' die Krone. Doch das alles wurde Geschichte, als ich auf 'Aloha', eine lachsrosa Kletterrose, die sich viel besser als Strauchrose eignet, aufmerksam wurde. Hier muss ich aber unverzüglich Missverständnissen vorbeugen. Unter dem Namen 'Aloha' brachte das Züchterhaus Kordes Anfang des neuen Milleniums eine recht gesunde, in Orangetönen blühende, duftende „echte" Kletterrose in den Handel. Die Rose aber, von der ich hier schreibe, blüht schon seit 1949 in den Gärten und stammt aus den USA. Wer von meiner Begeisterung für sie angesteckt wurde, sollte unbedingt darauf achten, die richtige Sorte zu bekommen. Im Rosenhof Schultheis führt man sie glücklicherweise noch.

Es war die Gartenfreundin Wiebke Hansen, die mir die gute alte 'Aloha' verordnete. Als wir mal in ihrem parkähnlichen Garten beim Rotwein zusammensaßen und auch über Rosen fachsimpelten, bekam sie nämlich heraus, dass ich 'Aloha' nur aus Büchern

kannte. Sie selbst hatte diese Sorte bereits als Kind im Garten ihres Vaters kennengelernt, seitdem in Erinnerung und schwärmte in höchsten Tönen von ihr. Wir beschlossen, nach ihrer Kindheitserinnerung Ausschau zu halten – Wiebke gewann das Rennen. Freundlich, wie sie ist, auch wenn sie eher robust norddeutsch auftritt, besorgte sie eine Pflanze gleich für mich mit. Ich hätte es wissen müssen, dass eine Frau, die so erfahren und vernarrt in Gartendingen ist, mir nur Spitzensorten empfehlen würde. 'Aloha' verwies bereits bei ihrer ersten Blüte in meinem Garten alle anderen auf ihre Plätze und übernahm das Zepter. Ihre großen Blüten entfalten sich aus konisch geformten Knospen, die zunächst einen gewissen Edelrosencharakter haben. Die Knospe zeigt bereits an, was in ihr steckt. Außen sind die Blütenblätter warm rosarot getönt, innen sind sie etwas heller – dieser Kontrast macht die Blütenerscheinung sehr plastisch, sowie sich das erste Blütenblatt löst, und verliert sich kaum, selbst wenn sich alle Petalen ausgebreitet haben. Die Farbe ist schwer zu beschreiben, zumal sie je nach Witterung kühler oder wärmer ausfällt. Beim genauen Hinsehen entdecke ich Lachsrosa, Kirschrot und alle Zwischentöne, mit Spuren von Orange. Die Farbgebung erinnert mich an den Deckel meines Aquarellkastens, in dem ich verschiedene Farben vermenge; an den Rändern der neuen Mischung finden sich dann stets Reste der Ausgangstöne. Die Blütenform ist durch die dichte Füllung eher rundlich, aber keineswegs kugelig. Und 'Aloha' duftet herrlich nach einer Mischung feinherber Wildrose und schwerer Damaszenerrose. Der ausgewogene, buschige Strauchwuchs und die gesunde Belaubung machen das Rosenglück perfekt. Meine 'Aloha'-Rosen stehen frei und tragen ihre schweren Blüten zuverlässig aufrecht. Ich konnte angesichts meiner eigenen Anschauung sehr gut nachvollziehen, dass einer der berühmtesten Rosenzüchter unserer Zeit ebenfalls von 'Aloha' angetan war – die Rede ist von dem Briten David Austin. Er erkannte die Güte dieser Sorte und machte sie zu einer der Stamm-Mütter seiner Englischen

Rosen. Dass diese Ahnin wunderschöne Nachkommen hervorbrachte, ist längst bekannt – doch anders als bei uns Menschen verfügt eine Rosen-Uroma über die immerwährende Schönheit. 'Aloha' nimmt es in allen Gartentugenden und Schönheitsmerkmalen noch heute mit jeder neuen Sorte auf.
Einige Jahre stand 'Aloha' unangefochten in meiner Gunst an der Spitze. Doch ich geriet mit dem Anblick der Noack-Rose 'Graciosa' in einen Loyalitätskonflikt. Reinhard Noack brachte sein schönstes Rosenkind bereits 2002 in den Handel. Als ich gut sieben Jahre später in seiner Rosenschule bei Gütersloh stand, gingen mir die Augen vor seiner Präsentation von 'Graciosa' auf. Die eher straff wachsenden Pflanzen – 'Graciosa' gilt als Kletterrose – schlossen mit sehr schlank geformten, zart apfelblütenrosafarbenen Knospen ab. Diese Farbe fehlte mir noch in einem Gartenbeet, das ich für meinen Vater an seinem Domizil pflanzen wollte, und ich packte vorsorglich zwei Pflanzen ein. Eine nahm ich mit nach München auf meinen Balkon. Sofort setzte ich sie in einen großen Topf mit bester Erde (Wissen Sie eigentlich, wie schwierig es ist, in München an der Theresienwiese zu wohnen und Rosenerde und erschwingliche Pflanzgefäße ohne eigenes Auto zu organisieren? Es war ein echter Kraftakt, alles durch die Tram und S-Bahnen zu wuchten, ganz zu schweigen von den Treppen, die in den dritten Stock führten … Aber für eine tolle neue Rose ist ja keine Mühe zu groß.). Und 'Graciosa' belohnte mich reich!
Die zugespitzten Knospen öffnen sich sehr langsam. Nacheinander spreizen sich die äußeren Blütenblätter ab – so elegant, dass so manche Edelrose sich freiwillig in den Schatten stellen würde. Nach etwa drei Tagen öffnet sich die ziemlich große Blüte nahezu schlagartig komplett. Interessanterweise ist sie voll gefüllt – aufgeblüht ähnelt sie einer Englischen Rose in Idealform. Nur die äußersten Blütenblätter am Rande erinnern durch ihre etwas zugespitzte Form an die vornehme Eleganz der Knospe.

Absolut überrascht war ich vom intensiven Duft, der sich etwa ab dem zweiten Tag des Knospenstadiums ankündigt. Auch bei dieser Sorte strömt er, schon eine 'Graciosa'-Blüte allein in einem Zimmer macht sich sofort bemerkbar. Die Duftnote ist sehr besonders: erfrischend, mit einem ganz kleinen Hauch Zitrus, einer Unternote von Beerenfrüchten und einer Spur Damaszenerrose. Der Strauch hat nicht ganz die ausgewogene Form etwa der 'Aloha', sondern strebt recht straff aufwärts. Ich biege die Triebe, sowie sie ausgereift sind, möglichst waagrecht. Auf dem Münchner Balkon leitete ich sie in zwei Richtungen jeweils gut anderthalb Meter weit in Geländerhöhe und erzielte damit eine reiche zweite Blüte ... und festigte meinen Ruf auch in der bajuwarischen Metropole als Schmecklecker in Sachen Rosen. Nun ist 'Graciosa' in meinem Schrebergarten eingezogen. Gleich drei Pflanzen teilen sich eine Zaunstrecke mit einer 'Aloha' – irgendwie fielen mir die 'Graciosas' als Trio in die Hände – und von diesen Blüten kann ich sowieso nie genug haben. Was mich immer wieder begeistert, ist ihr wie frisch gewaschen aussehendes, glänzendes Blattwerk, dem offenbar kein Pilzchen etwas anhaben kann.

Ich weigere mich darum seither, nur eine einzige Rosensorte als meinen absoluten Favoriten anzugeben. Eigentlich kann ich das auch gar nicht, denn so viele Gartensituationen es gibt, so viele „beste" Rosen gibt es auch und so unterschiedlich wachsen sie nun mal und zeigen ihren eigenen Charakter. Wer würde beispielsweise Pfirsiche mit Kirschen vergleichen?

Nach wie vor kenne ich keine einzige Rose, die sämtliche Perfektionseigenschaften auf sich vereinigen kann. Mal fehlt ein Quäntchen Duft, mal die Wuchseleganz, mal die Unverwundbarkeit gegenüber Krankheiten, mal die eiserne Winterhärte oder der Blütenreichtum. Und soll ich Ihnen etwas sagen: Ich bin sehr glücklich darüber! Denn sowie diese erste Sorte auftauchen sollte, die alle anderen deklassieren würde, ist die Rosenperfektion in ihrer Erbarmungslosigkeit sehr bald Gewohnheit und wird zum Anspruch. Ich lasse so gern auch den Rosen ihre kleinen Fehler – sie machen sie so menschlich ...

Herzlichen Dank!
Gärten führen Menschen zusammen und es liegt auf der Hand, dass mir zahlreiche Begegnungen darin mit verschiedenen Persönlichkeiten entscheidende Impulse auch für mein gärtnerisches Schaffen und damit verbundene Erkenntnisse geschenkt haben.
Heraus ragen dabei Dieter und Heike Gaissmayer, denen dieses Buch gewidmet ist. Stellvertretend auch für die hier nicht ausdrücklich genannten Persönlichkeiten möchte ich weitere acht Menschen benennen, bei denen ich mich besonders bedanke. Da wären Heino und Christian Schultheis sowie Jeanette Griese mit ihrem „Garden of Roses" und Michael Marriot von David Austin Roses Ltd. in Sachen Rosen. Blumenzwiebelerlebnisse der besonderen Art bescherte mir Gert-Pieter Nijssen, der Blumenbollen-Spezi aus den Niederlanden. Meiner verstorbenen Mutter Evelin bin ich dankbar, weil sie mir früh die Grundlagen der Ästhetik im Garten sowie Freude an der Arbeit darin liebevoll und fröhlich vermittelte und bei meinem Vater Rudolf bedanke ich mich für die nicht nur finanzielle Förderung in Sachen jugendlicher Garten-Selbstverwirklichung – sowohl im elterlichen Garten als auch bei meiner Ausbildung. Und – last not least – danke ich meinem Mann Stefan, der als knurriges Korrektiv meine gärtnerischen Höhenflüge immer wieder erdet.

Meine vier ober-allerwichtigsten Adressen:

Staudengärtnerei Gaissmayer
Jungviehweide 3
89257 Illertissen
Tel.: 07303 7258
Fax: 07303 42181
e-Mail: info@gaissmayer.de

W. Kordes' Söhne Rosenschulen
Rosenstraße 54
25365 Klein Offenseth-Sparrieshoop
Tel.: 04121 4870-0
Fax: 04121 84745
e-Mail: info@kordes-rosen.com

Rosenhof Schultheis
Bad Nauheimer Straße 3
61231 Bad Nauheim
Tel.: 06032 92528-0
Fax: 06032 9252823
e-Mail: info@rosenhof-schultheis.de

Garden of Roses
Nordstraße 10
32139 Spenge
Tel.: 05222 872772
Fax: 05225 872770
e-Mail: info@garden-of-roses.de
Verkauf an Wochenenden vor Ort; kein Versand! Besuch bitte vorher absprechen.

Bildnachweis
Barlage, Andreas: S. 10, *Paeonia* 'Claire de Lune' / S. 110, *Dahlia* 'Alain Mimoun' / S. 154, *Rosa gallica* 'Versicolor' / S. 160, *Englische Rose* 'Lady of Shalott' / S. 170, *Damaszenerrose* 'Rose de Resht' / S. 180, *Kletterrose* 'Graciosa' /
Fotolia/pecosbill: S. 76, *Viola wittrockiana*
Gaissmayer, Dieter: S. 16, *Hemerocallis* 'Moonlit Masquerade' / S. 22, *Heuchera micrantha* 'Palace Purple' / S. 26, *Iris orientalis* 'Frigia' / S. 30, *Convallaria majalis* / S. 38, *Viola odorata* 'Donau' / S. 44, *Chrysanthemum x hortorum* 'Poesie' / S. 54, *Papaver nudicaule* / S. 60, *Dianthus caryophyllus* / S. 64, *Lathyrus odoratus* 'Cupani' / S. 70, *Cosmos bipinnatus* / S. 90, *Lilium regale* 'Alba' / S. 94, *Lilium henryi* / S. 100, *Narcissus triandrus* 'Thalia' / S. 104, *Fritillaria imperialis* 'Aureovariegata' / S. 116, *Crocosmia mansoniorum* 'Lucifer' / S. 122, *Tulipa humilis* 'Albacaerulea' / S. 128, *Iris reticulata* / S. 148, *Rosa pimpinellifolia* 'Stanwell Perpetual' /
Griese, Jeanette: S. 140, *Beetrose* 'Garden of Roses'
Kordes' Söhne: S. 132, *Edelrose* 'Wedding Bells'
Paluch, Rudi: S. 7, *Porträt Andreas Barlage* / S. 34, *Helianthus microcephalus* 'Lemon Queen' / S. 50, *Digitalis purpurea* / S. 80, *Tropaeolum majus* / S. 84, *Nicotiana sylvestris*
Schultheis, Christian: S. 2, *Strauchrose* 'Aloha' '49' / S. 164, *Noisetterose* 'Mme Alfred Carrière' / S. 174, *Rambler* 'Christine Hélène'